ARIANA GRANDE

UMA POPSTAR NO TOPO DO MUNDO

ARIANA GRANDE

UMA POPSTAR NO TOPO DO MUNDO

São Paulo
2021

Grupo Editorial
UNIVERSO DOS LIVROS

© 2021 by Universo dos Livros

Todos os direitos reservados e protegidos pela Lei 9.610 de 19/02/1998.

Nenhuma parte deste livro, sem autorização prévia por escrito da editora, poderá ser reproduzida ou transmitida sejam quais forem os meios empregados: eletrônicos, mecânicos, fotográficos, gravação ou quaisquer outros.

Diretor editorial
Luis Matos

Gerente editorial
Marcia Batista

Assistentes editoriais
Letícia Nakamura e Raquel F. Abranches

Preparação
Guilherme Summa

Revisão
Luisa Tieppo e Marina Constantino

Arte
Renato Klisman

Dados Internacionais de Catalogação na Publicação (CIP)
Angélica Ilacqua CRB-8/7057

A744
    Ariana Grande: uma popstar no topo do mundo / Equipe Universo dos Livros – São Paulo : Universo dos Livros, 2021.
    112 p. : il., color

    ISBN 978-65-5609-108-2

    1. Grande, Ariana – 1993 - Biografia 2. Cantoras - Biografia I. Título

21-2073   CDD 927.8164

Universo dos Livros Editora Ltda.
Avenida Ordem e Progresso, 157 – 8º andar – Conj. 803
CEP 01141-030 – Barra Funda – São Paulo/SP
Telefone/Fax: (11) 3392-3336
www.universodoslivros.com.br
e-mail: editor@universodoslivros.com.br
Siga-nos no Twitter: @univdoslivros

Sumário

PEQUENA, GRANDE ESTRELA 7
O INÍCIO DE TUDO 11
    Uma voz a ser descoberta   14
VOZ ANGELICAL 17
    Instrumento divino   19
    Na batida do som   20
    Exemplos a serem seguidos   22
O SOM DO SEU TRABALHO 25
    Muito além do estúdio   38
    A cara da música   42
TURNÊS 53
    Um duro golpe na vida de Ariana   57
    A força da Grande   58
O RECONHECIMENTO DE UMA ESTRELA 61
NOS PALCOS E NAS TELAS 79
    Ariana e a sétima arte   80
    Telinha brilhante   84
    Tudo real   90
    Origem e primeiros passos   92
O AMOR É GRANDE 95
    Relacionamentos amorosos   96
    A força em favor de todos   101
    As pontes com os fãs   104
VOCÊ CONHECE ARIANA GRANDE? 107

Pequena, Grande Estrela

O TALENTO PODE SE MANIFESTAR DE VÁRIAS FORMAS. Alguns nascem com o dom de cantar, outros de atuar. Há pessoas que são feras em matemática, outras querem salvar vidas, e muitas desejam apenas fazer o que amam. Ariana Grande-Butera ama o que faz, em vários aspectos. Ela sonhou cantar. É uma cantora de sucesso mundial. Ela sonhou interpretar. Já fez vários filmes, séries e documentários. Ela sonhou em ajudar o próximo. É engajada de diversas formas e um símbolo de esperança.

Ariana fez e faz muito. É cantora, atriz e compositora. Desde sua estreia no musical da Broadway 13, tem galgado seu espaço na sétima arte e nas telas da TV. Entre 2010 e 2014, interpretou Cat Valentine nas séries *Victorious* (*Brilhante Victória*, no Brasil) e *Sam & Cat*, do canal Nickelodeon, personagem que alçou a menina norte-americana ao estrelato.

Na música, deu seus primeiros passos com a trilha sonora de *Brilhante Victória*. Foi o pontapé inicial para uma carreira sólida, com muitas canções alcançando o topo das paradas. Graças a seu talento, Ariana tornou-se referência na música pop mundial, com alta vendagem e conquistando inúmeros prêmios, incluindo o Grammy, a celebração máxima da música mundial.

A jovem estrela tem muito o que contar. Como num conto de fadas, ou no sonho de quem queria ser importante e conseguiu, a história da artista poderia render um livro – e rendeu. A Universo dos Livros traz para você, fã de Ariana Grande, esse presente. Neste livro, você viverá a cada página a vida e a obra da artista. Ela pode ser jovem, mas já fez muito por sua carreira e por seus semelhantes.

Viaje pelas suas turnês, saiba um pouco mais dos álbuns que lançou, descubra algumas curiosidades de sua vida, veja onde já se destacou, confira os prêmios que recebeu e muito mais. Pode ter certeza de que você ficará ainda mais fã de Ariana. Se ainda não a conhece, você descobrirá aqui o porquê de seu sucesso.

Vamos percorrer a história de Ariana, sua carreira na música, cinema e TV. Vamos descobrir seus amores e suas lutas sociais. Tem até um quiz com curiosidades sobre a artista! Vamos sonhar com Ariana, pois ela é Grande.

O início de tudo

Ariana Grande-Butera nasceu em 26 de junho de 1993 na cidade de Boca Raton, no estado da Flórida, Estados Unidos. Ela é de uma família que possui ascendência italiana, das regiões da Sicília e de Abruzos. Também tem raízes gregas e do norte da África. Essa mistura tão exótica acabou gerando uma das mulheres mais belas do mundo.

Seu nome foi inspirado em Oriana, personagem de *As Aventuras do Gato Félix – O Filme*, lançado em 1988. Seus pais ficaram impressionados com a linda e corajosa princesa do reino de mesmo nome e resolveram fazer a homenagem.

Ariana é filha de Joan Grande, CEO da empresa de soluções de comunicação Hose-McCann Communications, e Edward Butera, proprietário de um escritório de design gráfico; seus pais se separaram quando ela tinha por volta de 8 anos. Já seus avós, que acompanharam de perto o crescimento da jovem, são Frank e Marjorie Grande (maternos) e Anthony V. Butera e Florence Citrano (paternos). A família se completa quando falamos de seu meio-irmão por parte de mãe, Frankie Grande. Parte importante da vida de Ariana, Frankie é ator, dançarino e produtor, e trabalha diretamente com a irmã.

Diferentemente da maioria da população dos EUA, de religião protestante, Ariana foi criada na Igreja Católica. A jovem, no entanto, deixou a religião durante o pontificado de Bento XVI, por não concordar com sua doutrina quanto ao tratamento dispensado à comunidade LGBTQIA+, sendo seu irmão Frankie homossexual assumido.

Desde muito cedo, Ariana atuou em peças e musicais amadores em sua escola. Frequentou teatros infantis e estudou na Pine Crest School e na North Broward Preparatory School. Seu primeiro papel foi como protagonista na peça *Annie*, baseada na obra de Harold Gray, realizada no teatro comunitário de Boca, o Little Palm Family Theatre. Sua mãe participou do elenco do projeto, como forma de incentivo à filha! Ariana também interpretou a protagonista Dorothy em uma adaptação para o teatro de *O Mágico de Oz*. Mais uma vez, sua mãe participou da produção para apoiar a filha.

A carreira de Ariana nos palcos estava apenas no começo. Em 2010, interpretou Miriam em um novo musical, *Cuba Libre*, escrito e produzido por Desmond Child. Em 2011, fez algo totalmente novo: dublou a Princesa Diaspro, no desenho animado *Clube das Winx*. Já em dezembro de 2012, atuou como Branca de Neve no musical *A Snow White Christmas*.

Mas sua carreira já tinha começado a mudar mesmo em 2008, quando Ariana participaria de um projeto que mudaria para sempre sua vida. Trata-se do musical 13, da Broadway, cujas músicas foram criadas por Jason Robert Brown e o roteiro ficou sob responsabilidade de Dan Elish e Robert Horn. Em 13, temos a história do jovem Evan Goldman, que se muda da cidade de Nova York para a pacata Appleton e vive os desafios da adolescência. A peça estreou originalmente em 2007 em Los Angeles. Em 2008, quando a peça estreou na Broadway, polo artístico e teatral dos Estados Unidos, Ariana já estava no elenco. Foi uma virada na carreira de Grande, já que o musical, como você verá adiante, catapultou sua carreira e se tornaria o ponto de partida para grandes realizações da artista.

Durante todo esse tempo, Ariana planejava não apenas sua carreira na música, mas sua estreia na TV. O musical 13 foi mesmo muito importante em sua vida, já que, durante seu período na peça, conheceu Dan Schneider, roteirista do canal Nickelodeon. Graças ao novo contato com o mundo do entretenimento, Ariana faria seu teste para se tornar Cat Valentine e sua carreira deslancharia de vez na TV, com outros grandes sucessos.

UMA VOZ A SER DESCOBERTA

A JOVEM NÃO TINHA TALENTO SÓ PARA ATUAR. DESDE CEDO, ARIANA mostrou por que se tornaria uma das vozes mais importantes do mundo. Aos 8 anos, ela cantou o hino americano na abertura de um jogo da equipe de hóquei no gelo Florida Panthers. Foi a primeira vez que apareceu na TV e fez grande sucesso.

Após o sucesso de *Brilhante Victória*, Ariana estava a todo vapor para deslanchar sua carreira musical com discos de estúdio. Ao longo de sua escalada para o sucesso, mostrou na série da Nickelodeon seus dons musicais e a força de sua voz. Ela queria trilhar o mesmo caminho das cantoras de sucesso que admirava.

Ariana usou também suas redes sociais, em especial seu canal no YouTube, o Osnapitzari, para mostrar seus dotes musicais. Lá, revelou o poder de sua voz postando vídeos com covers de grandes artistas – e deu muito certo, para nossa sorte.

O BERÇO DE ARIANA

A cidade de Boca Raton faz parte do condado de Palm Beach, no sudeste do estado da Flórida, nos Estados Unidos. Fica a 70 quilômetros de Miami e possui por volta de 81 quilômetros quadrados. Em 2020, sua população era estimada em 100 mil habitantes. Com o lema "A City for All Seasons", ou "Uma Cidade de Todas as Estações", foi fundada em 1895 e seu primeiro nome foi Bocaratone. No passado, em mapas europeus, o local tinha o nome de "Boca de Ratones", termo náutico da época para se referir a uma enseada com muitas rochas acidentadas.

Já o estado da Flórida, na região sudeste dos EUA, foi colonizado e controlado pela Espanha até 1819. Após ser comprada pelo governo dos Estados Unidos, tornou-se o 27º estado do país em 3 de março de 1845. O nome foi dado pelo conquistador espanhol Juan Ponce de León, explorador da região, em 1513. "Flórida" em espanhol (e em português) significa "cheio de flores". É famoso pelo turismo, com mais de 60 milhões de visitantes por ano buscando seu litoral, clima e atrações como Walt Disney World e o Centro Espacial John F. Kennedy, em Cabo Canaveral, da NASA.

Voz
angelical

Ariana Grande pode ter surgido para o mundo como atriz, mas seu talento vai muito além da interpretação em palcos ou em estúdios. Além de bela, engajada e muito inteligente, nossa princesa tem outro dom que a torna especial: a voz.

Assim como seu talento para a atuação, desde criança Ariana mostrou seus dotes como cantora, tendo participado de diversos concertos, acompanhando a Filarmônica do Sul da Flórida e outras orquestras. Apresentou-se por um tempo no clube de jazz Birdland, em Nova York, e se consagrou em momentos importantes, como no dia 6 de março de 2014, quando cantou na Casa Branca para o Presidente Obama no "Women of Soul: In Performance at the White House", evento que homenageou as artistas americanas cujos trabalhos impactaram a cultura musical daquele país.

Mesmo com pouco tempo de carreira, ela já tinha seu espaço no coração e nas playlists de milhões de fãs de todo o mundo. Se a indústria do entretenimento já foi acusada de fabricar ídolos de mentira, Ariana provou com seus álbuns, clipes, turnês e apresentações que possui talento suficiente para se tornar uma voz para sua geração. Vamos viajar pelas notas musicais, sons e letras que fazem de Ariana Grande uma cantora ímpar.

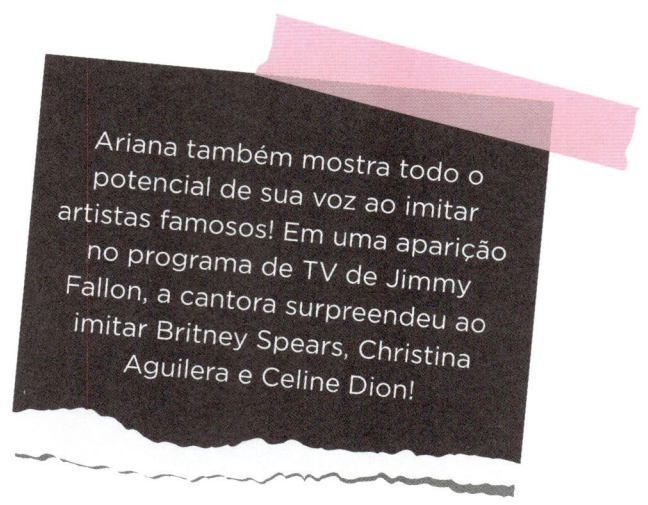

Ariana também mostra todo o potencial de sua voz ao imitar artistas famosos! Em uma aparição no programa de TV de Jimmy Fallon, a cantora surpreendeu ao imitar Britney Spears, Christina Aguilera e Celine Dion!

INSTRUMENTO DIVINO

Tecnicamente falando, Ariana é classificada como uma "soprano lírica", o tipo mais comum de soprano, a mais aguda das vozes femininas. Trata-se de um timbre que traz simplicidade e beleza à voz, e por isso cantoras com essa característica geralmente interpretam garotas ingênuas em óperas ou musicais.

Sua voz é considerada "absoluta", já que sua extensão vocal é de quatro oitavas. O mais comum entre artistas é serem capazes de cantar três oitavas – e o mais raro, cinco oitavas, como Mariah Carey. Falando em Mariah, Ariana foi comparada à diva no início de sua carreira graças ao seu alcance vocal.

Segundo especialistas, Grande possui facilidade em alterar o tom de sua voz (modulação). Por outro lado, ela não tem uma dicção muito clara, algo que pode dificultar a compreensão da letra quando canta.

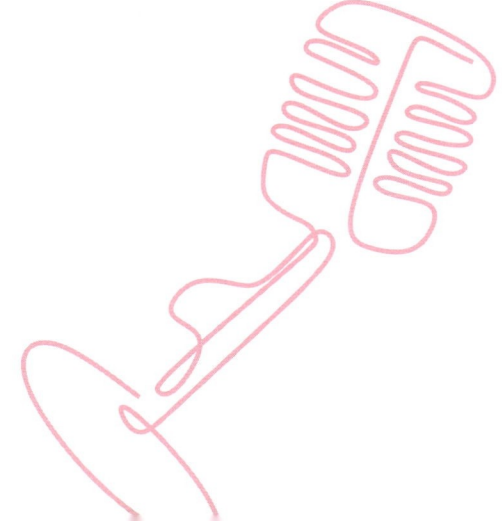

NA BATIDA DO SOM

Ao longo de sua trajetória musical, Ariana coloca em suas músicas muito de seu gosto pessoal. Ela transita principalmente por dois estilos musicais, o pop e o rhythm and blues, mas sem deixar de ser eclética o suficiente para se reinventar e evoluir. Além dos dois gêneros citados, ela também incorpora funk, dance, EDM e hip-hop.

Ariana é bastante influenciada pela década de 1990. Em sua opinião, seu disco *Yours Truly* é metade uma revisitação ao R&B dos anos 90 e outra metade totalmente original. Já seu álbum *My Everything* é mais voltado para o gênero conhecido como Electronic Dance Music, ou EDM, ritmo dançante considerado uma vertente da música eletrônica.

No disco *Dangerous Woman*, fundiu elementos do deep house (mistura de techno, jazz e funk), soul e dream pop, produzindo uma espécie de rock alternativo. Os álbuns seguintes, *Sweetener* e *Thank U, Next*, retornam ao EDM e R&B, além de exibirem muito soul e funk. Seu último álbum de estúdio, *Positions*, lançado em 2020, aposta em R&B, pop e trap.

EXEMPLOS A SEREM SEGUIDOS

Ninguém é uma "ilha", isolada do mundo, sem influências, e com Ariana Grande não é diferente. Se ela coloca seus gostos musicais em seu trabalho, faz o mesmo com seus ídolos ou musas inspiradoras. A artista tem orgulho em mostrar quais são suas fontes de inspiração e em quais artistas se espelha para produzir as músicas que seu público tanto ama.

Segundo a própria Ariana, a cantora Gloria Estefan foi a grande inspiração para apostar em sua carreira. Gloria María Milagrosa Fajardo García nasceu em Cuba no dia 1º de setembro de 1957. É famosa pelo pop latino, salsa e merengue de sua produção musical, distribuídos por mais de 25 discos. Ela integrou a lista dos "100 Maiores Artistas de Todos os Tempos" da Billboard. Aos 8 anos, Ariana foi elogiada por Gloria em uma apresentação, um fato muito marcante para nossa cantora favorita.

Outro nome de peso que Grande gosta de citar é o de Whitney Houston. Nascida em 9 de agosto em 1963 na cidade de Newark, Nova Jersey, e falecida em 11 de fevereiro de 2012, na Califórnia, Whitney é uma das maiores vozes da história da música, com 7 discos gravados.

Outras grandes influências de Ariana são: Alicia Keys, Amy Winehouse, Big Sean — seu rapper favorito —, Christina Aguilera, Destiny's Child, Fergie, Imogen Heap, Katy Perry, Lady Gaga e Madonna.

O som do seu trabalho

Em 2011, finalmente veio o reconhecimento de seu trabalho na música: a gravadora Republic Records seria o canal para Ariana gravar seu disco de estreia. Com a assinatura de seu primeiro contrato musical, passou a trabalhar em seu sonho.

A Republic Records é uma das principais gravadoras do Universal Music Group, fundada com o nome de Cheese Factory Records em 1995. A Republic é especializada em artistas de gêneros musicais urbanos e pop e tem em seu portfólio, além de Ariana Grande, nomes como Drake, Lorde, Post Malone, Lil Wayne, Taylor Swift, Nicki Minaj, Jessie J e The Weeknd e bandas de k-pop.

Assim, teve início a jornada de Ariana Grande no mundo da música.

1. Yours Truly

Lançamento: setembro de 2013

Singles "The Way"
"Baby I"
"Right There"

Lista de canções
"Honeymoon Avenue"
"Baby I"
"Right There" (feat. Big Sean)
"Tattooed Heart"
"Lovin' It"
"Piano"
"Daydreamin'"
"The Way" (feat. Mac Miller)
"You'll Never Know"
"Almost Is Never Enough" (feat. Nathan Sykes)
"Popular Song" (com Mika)
"Better Left Unsaid"

O ÁLBUM DE ESTREIA DE ARIANA GRANDE PODE TER SIDO UM SUcesso, bastante elogiado e líder de vendas em vários países. Só que o caminho até seu lançamento não foi fácil.

O processo de criação começou em 2011, com a produção de grandes nomes da música como Harmony Samuels e Babyface. A princípio, o disco se chamaria *Daydreamin'*. O primeiro single da carreira de Ariana saiu em dezembro de 2011, "Put Your Hearts Up".

Como não houve uma boa recepção do público e da crítica, a produção do álbum passou por uma reformulação total. Músicas foram descartadas, inclusive o primeiro single, que nunca foi lançado em um disco, e o ritmo pop/soul deixado para trás. A inspiração para a mudança partiu de uma mistura eclética: o pop foi preservado, mas o disco passaria a incorporar elementos do R&B dos anos 90, hip-hop, baladas românticas com vocal bastante forte, como as de Whitney Houston e Mariah Carey.

Com uma nova proposta, Ariana voltou a lançar um single. Em março de 2013 era lançado "The Way", que finalmente impulsionaria sua carreira musical e daria o início à parceria com o rapper Mac Miller. Em julho daquele ano, saiu seu segundo single de sucesso, "Baby I", seguido de "Right There", lançado em agosto.

Em setembro de 2013, chegava o disco de estreia propriamente dito, *Yours Truly*, o resultado da reformulação de *Daydreamin'*. A produção chegou ao topo das paradas musicais dos EUA, além de alcançar o top 10 em diversos países.

Ariana confessou que a escolha de "Baby I" como segundo single foi de Mac Miller. O hit estreou em 21º lugar na Billboard Hot 100.

2. MY EVERYTHING

Lançamento: agosto de 2014

SINGLES
"Problem"
"Break Free"
"Bang Bang"
"Love Me Harder"
"One Last Time"

Lista de canções

"Intro"
"Problem" (feat. Iggy Azalea)
"One Last Time"
"Why Try"
"Break Free" (feat. Zedd)
"Best Mistake" (feat. Big Sean)
"Be My Baby" (feat. Cashmere Cat)
"Break Your Heart Right Back" (feat. Childish Gambino)
"Love Me Harder" (feat. The Weeknd)
"Just a Little Bit of Your Heart"
"Hands on Me" (feat. A$AP Ferg)
"My Everything"

Faixas bônus da versão Deluxe:

"Bang Bang" (com Jessie J & Nicki Minaj)
"Only 1"
"You Don't Know Me"

Após um ano bastante agitado, Ariana passou a se preparar para seu segundo álbum. A artista precisou superar as expectativas que o público e a crítica tinham em relação ao prosseguimento de sua carreira. Para começar, aumentou sua rede de contatos e parceiros musicais como, por exemplo, Iggy Azalea e The Weeknd. O resultado foi um álbum mais pop, com músicas mais agitadas.

Ao mesmo tempo, neste momento de sucesso em ascensão, Ariana tinha que equilibrar sua carreira musical com novos shows e programas na TV. Como resultado, ela diz que o disco tem muito de sua personalidade. A jovem estrela teve mais liberdade para criar e mudar sua imagem, assim como para responder a críticas por algumas mudanças.

Em abril de 2014, foi lançado o primeiro single do seu segundo disco, "Problem", junto com a rapper Iggy Azalea. O segundo single, "Break Free", veio em julho, em parceria com o DJ europeu Zedd. Ariana teve tempo de lançar ainda mais dois singles: "Love Me Harder", com The Weeknd, e "One Last Time".

Por fim, o segundo disco saiu, para a alegria dos seus fãs. *My Everything* atingiu o Top 10 em mais de 20 países e estreou no primeiro lugar da Billboard 200.

Primeiro álbum feminino a chegar a 1 bilhão de reproduções no Spotify!

3. DANGEROUS WOMAN

Lançamento: maio de 2016

SINGLES
"Dangerous Woman"
"Into You"
"Side to Side"
"Everyday"

Lista de canções

"Moonlight"
"Dangerous Woman"
"Be Alright"
"Into You"
"Side to Side" (feat. Nicki Minaj)
"Let Me Love You" (feat. Lil Wayne)
"Greedy"
"Leave Me Lonely" (feat. Macy Gray)
"Everyday" (feat. Future)
"Bad Decisions"
"Thinking Bout You"

Faixas bônus da versão Deluxe:

"Sometimes"
"I Don't Care"
"Touch It"
"Knew Better/Forever Boy"

Em 2015, o terceiro disco de estúdio era o foco principal de Ariana Grande. Ela começou a trabalhar nas músicas deste lançamento assim que lançou o disco anterior e as seções de gravação se iniciaram em agosto de 2014. A primeira música gravada foi "Let Me Love You" e a última, "I Don't Care". A princípio, o projeto recebeu o nome de *Moonlight*, mas acabou por ser lançado com o título de *Dangerous Woman*.

Ariana teve que encontrar tempo em uma agenda cheia, já que estava em sua turnê The Honeymoon Tour. Para concluir seu trabalho, contou com ajuda valiosa dos compositores Tommy Brown e Victoria Monét. Grande participou diretamente da criação de 7 das 11 faixas.

Assim como os álbuns anteriores, obteve excelente vendagem, encabeçado por "Dangerous Woman", primeiro single do disco de mesmo nome. A artista fala de relacionamentos de forma bastante adulta, tornando o disco uma prova do seu amadurecimento e de sua qualidade musical. Foi considerado um dos melhores do ano, segundo a imprensa especializada, e recebeu duas indicações ao Grammy Awards.

> Para comemorar os cinco anos do lançamento do álbum, em 2021 a cantora lançou uma nova versão, chamada de "Dangerous Woman (Edited)". Nela, constam duas faixas a mais: "Jason's Song (Gave It Away)" e "Step On Up".

4. Sweetener

Lançamento: agosto de 2018

Singles "No Tears Left to Cry"
"God Is a Woman"
"Breathin"

Lista de canções
"Raindrops (An Angel Cried)"
"Blazed" (feat. Pharrell Williams)
"The Light Is Coming" (feat. Nicki Minaj)
"R.E.M"
"God Is a Woman"
"Sweetener"
"Successful"
"Everytime"
"Breathin"
"No Tears Left to Cry"
"Borderline" (feat. Missy Elliott)
"Better Off"
"Goodnight n Go"
"Pete Davidson"
"Get Well Soon"

Grammy de "Melhor Álbum Pop Vocal"

G RAVADO ENTRE JULHO DE 2016 E MAIO DE 2018, O QUARTO ÁLBUM de Ariana Grande foi lançado em agosto de 2018, com Pharrell Williams produzindo metade do álbum. A primeira música gravada para o álbum foi "Sweetener" e a última foi "Pete Davidson". As gravações foram bastante afetadas pelo atentado de 22 de maio de 2017 em um de seus shows, em Manchester. A artista passou a sofrer ataques de pânico e ansiedade que perduraram e prejudicaram sua produção. Por outro lado, ela diz que compor ajudou-a bastante.

Ariana disse que o significado de *Sweetener* é "como trazer luz para uma situação, para a vida de alguém, ou uma pessoa que traz luz para sua vida". Outro elemento que a artista destaca é a capa. Sobre isso, Grande disse: "Mostrei a Aaron Simon Gross uma foto e ele disse 'adoro isso até de cabeça para baixo'. Na época, me sentia muito 'de cabeça para baixo' e a simplicidade disso me fez pensar 'meu melhor amigo é um gênio'".

Segundo a imprensa especializada, o álbum celebra o poder feminino e a artista deve ser aplaudida por usar sua voz impressionante para dizer algo significativo.

O disco esteve no topo das paradas em mais de 20 países e rendeu a Ariana um Grammy, o prêmio máximo da música internacional.

"No Tears Left to Cry" ultrapassou 1 bilhão de reproduções no Spotify, sendo a terceira música solo da cantora a atingir essa marca. Ariana e Dua Lipa são as únicas artistas femininas que possuem 3 músicas solo com essa marca na plataforma!

5. Thank U, Next

Lançamento: fevereiro de 2019

Singles   "Thank U, Next"
"7 Rings"
"Break Up with Your Girlfriend, I'm Bored"

Lista de canções

"Imagine"
"Needy"
"NASA"
"Bloodline"
"Fake Smile"
"Bad Idea"
"Make Up"
"Ghostin"
"In My Head"
"7 Rings"
"Thank U, Next"
"Break Up with Your Girlfriend, I'm Bored"

O QUINTO ÁLBUM DE ESTÚDIO DE ARIANA COMEÇOU A SER PRODUZIDO em outubro de 2018 e já tinha sido finalizado em dezembro daquele ano. A maior parte do disco foi gravada no Jungle City Studios, em Nova York. O processo de criação se deu durante uma fase de problemas pessoais de Grande, como a morte do seu ex-namorado Mac Miller e o fim do relacionamento com Pete Davidson. O álbum foi composto com a participação de grandes artistas como Tommy Brown, Max Martin, Ilya Salmandazeh, Andrew "Pop" Wansel, Victoria Monét e Tayla Parx, grandes apoiadores da carreira da cantora. Ao mesmo tempo, foi o primeiro álbum em que a artista participou diretamente na criação de todas as canções.

A primeira música escrita para o álbum foi "Ghostin" e a última gravada foi "Break Up with Your Girlfriend, I'm Bored". O disco foi lançado em fevereiro de 2019. Com elementos de reggae, funk, hip-hop e soul, todas as faixas do álbum entraram na Billboard Hot 100.

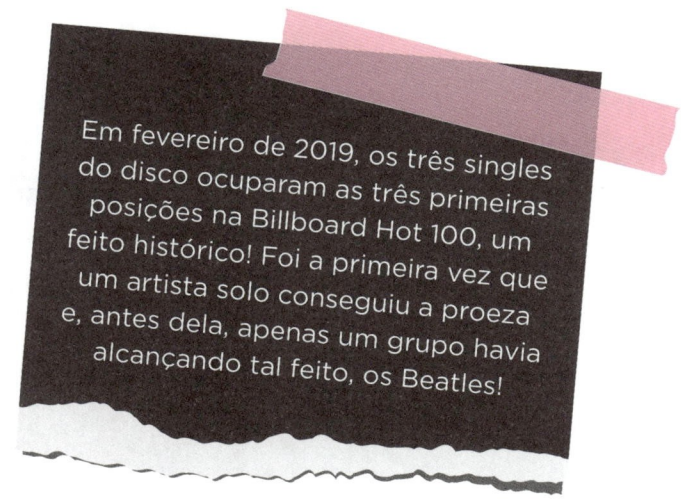

Em fevereiro de 2019, os três singles do disco ocuparam as três primeiras posições na Billboard Hot 100, um feito histórico! Foi a primeira vez que um artista solo conseguiu a proeza e, antes dela, apenas um grupo havia alcançando tal feito, os Beatles!

6. POSITIONS

Lançamento: outubro de 2020

SINGLES "Positions"
"34+35"
"POV"

Lista de canções

"Shut Up"
"34+35"
"Motive" (feat. Doja Cat)
"Just Like Magic"
"Off the Table" (feat. The Weeknd)
"Six Thirty"
"Safety Net" (feat. Ty Dolla $ign)
"My Hair"
"Nasty"
"West Side"
"Love Language"
"Positions"
"Obvious"
"POV"

Faixas bônus da versão Deluxe:

"Someone Like U – Interlude"
"Test Drive"
"34+35 Remix" (feat. Doja Cat & Megan Thee Stallion)
"Worst Behavior"
"Main Thing"

O SEXTO ÁLBUM DE ESTÚDIO DE ARIANA GRANDE, GRAVADO ENTRE janeiro e outubro de 2020, foi criado em parceria com grandes nomes da música como Tommy Brown, Anthony M. Jones, London on da Track, Murda Beatz, The Rascals, Scott Storch, Shea Taylor e Charles Anderson, incluindo a participação de Doja Cat, The Weeknd e Ty Dolla $ign. O disco traz uma forte pegada de R&B e pop e fala sobre temas como amor, relacionamento e sexo. O álbum tem três versões de capa (duas são edições limitadas), cada uma com uma pose diferente de Grande capturada por Dave Meyers. Sem dúvida, se trata de mais um sucesso na carreira da cantora.

Em agosto de 2020, *Positions* estreou no topo da Billboard Hot 200. Foi a terceira vez em que alcançou o topo desta parada com um álbum de estúdio em menos de 2 anos e 3 meses, o intervalo mais curto de tempo em que uma mulher conseguiu realizar este feito.

MUITO ALÉM DO ESTÚDIO

Com um talento fora do comum para a música e muita criatividade, a produção de Ariana Grande vai além dos seus discos de estúdio. Entre um lançamento e outro, nossa artista favorita lançou diversos trabalhos extras que estendem seu alcance musical e alimentam seus fãs com suas canções. Além de seus 6 discos, Ariana lançou também:

Um álbum ao vivo

K Bye for Now (swt Live)

Lançamento: dezembro de 2019

Gravado durante a turnê Sweetener World Tour, é o disco mais longo que Grande já lançou: contém 32 faixas e mais de uma hora e meia de duração.

Um álbum de compilação

The Best

Lançamento: setembro de 2017

Lançado exclusivamente no Japão, é o primeiro álbum de grandes sucessos da cantora.

Um álbum de remix

The Remix

Lançamento: maio de 2015

Também lançado exclusivamente no Japão, apresenta 15 remixes dos singles de *Yours Truly* e *My Everything*.

Dois EPs

Um EP, ou Extended Play, é um álbum curto, com no máximo 6 músicas.

Christmas Kisses

Lançamento: dezembro de 2013

Composto de covers e músicas originais, apresenta as músicas "Last Christmas", "Love Is Everything", "Snow In California" e "Santa Baby" (feat. Liz Gillies). Em, 2014, "Santa Tell Me" foi incluída na versão especial lançada no Japão.

Christmas & Chill

Lançamento: dezembro de 2015

Segundo EP de Natal da cantora, apresenta as faixas: "Intro", "Wit It This Christmas", "December", "Not Just On Christmas", "True Love" e "Winter Things". A edição especial lançada no Japão conta ainda com um remix de Alex Ghenea da faixa "Into You" (feat. Mac Miller).

Ariana também participou de projetos bem especiais relacionados a trilhas sonoras, esbanjando talento como sempre!

Charlie's Angels (Original Motion Picture Soundtrack)

Ariana Grande é a produtora executiva da trilha sonora do filme *As Panteras*, de 2019, junto com Savan Kotecha, seu produtor musical, e Scooter Braun, seu empresário. Ela participa como cantora nas faixas "Bad To You" (feat. Normani & Nicki Minaj), "Don't Call Me Angel" (feat. Miley Cyrus & Lana Del Rey), "Nobody" (feat. Chaka Khan), "How I Look On You" e "Got Her Own" (feat. Victoria Monét).

Beauty and the Beast (Original Motion Picture Soundtrack)

A trilha sonora do live-action de *A Bela e a Fera*, lançado em 2017, apresenta uma nova versão para a clássica música-tema, interpretada por Ariana Grande e John Legend.

Trolls (Original Motion Picture Soundtrack)

A bela participa da trilha sonora do filme, lançado em 2016, com a música "They Don't Know".

Sing (Original Motion Picture Soundtrack)

A trilha sonora do filme de 2016 conta com um dueto de Ariana Grande e Stevie Wonder, na música "Faith".

We Love Disney (2015 album)

Neste álbum de versões das clássicas músicas da Disney, Ariana Grande canta "Zero To Hero", do filme *Hércules*.

The Hunger Games: Mockingjay, Part 1 (Original Motion Picture Soundtrack)

Ela participa da música "All My Love", de Major Lazer, que fez parte da trilha sonora do filme *Jogos vorazes*, de 2014.

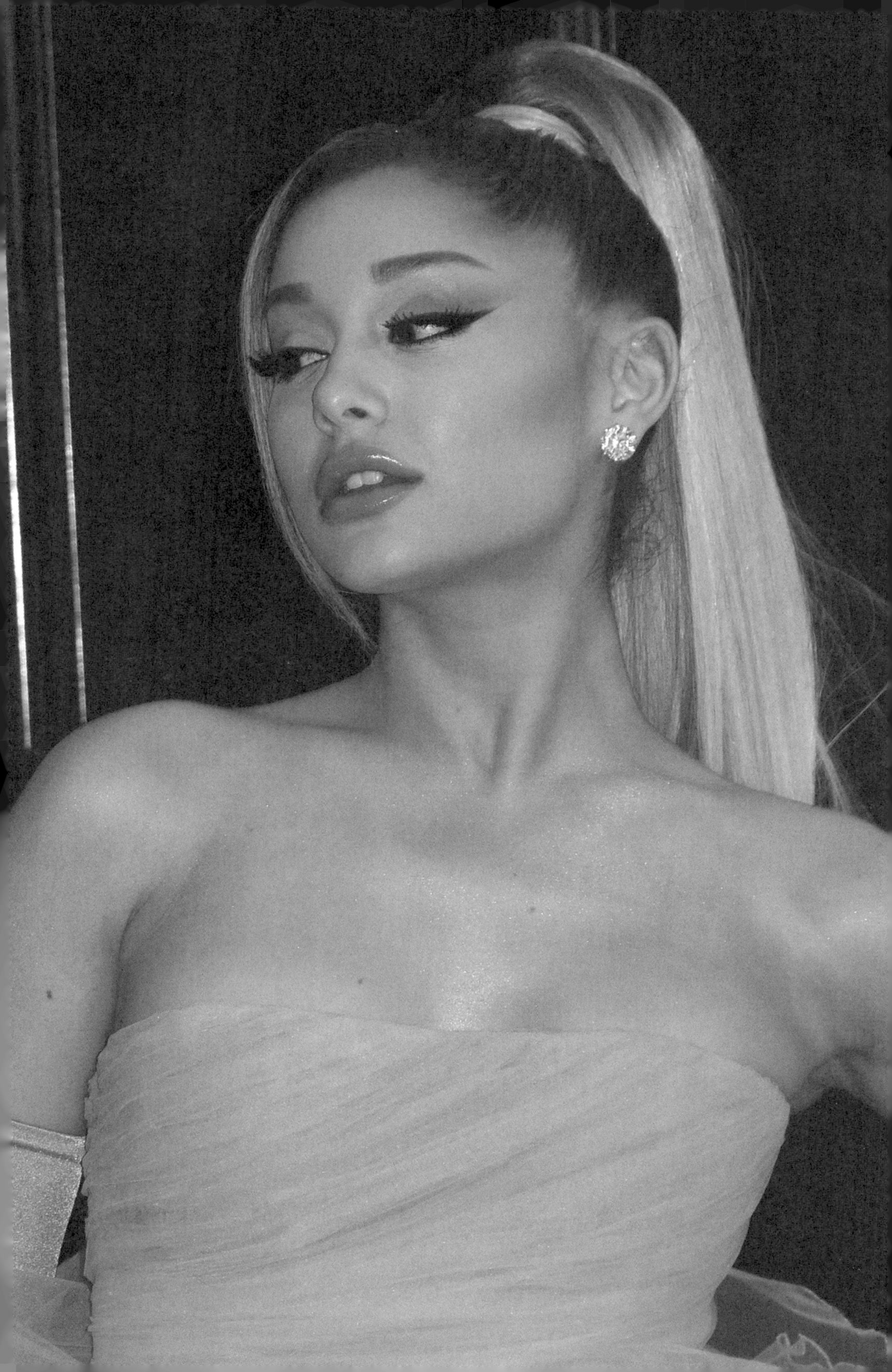

A CARA DA MÚSICA

Versátil, Ariana Grande soube muito bem como divulgar seus discos e canções. Ao seguir os passos de algumas de suas musas, como Madonna, Mariah Carey e outras divas, sempre soube usar os videoclipes para satisfazer seus fãs e se tornar cada vez maior.

Ao usar seus dons de atuação, ideias mirabolantes e muito talento, soube dar uma "cara" a suas músicas, contar pequenas histórias e mostrar problemas que as pessoas enfrentam ao tocar em temas delicados em suas canções.

Se ela começou sua carreira musical atuando, nada mais justo do que seguir brilhando ao unir música e imagem, seja como artista principal ou participando de clipes de outros artistas incríveis!

2012

"Put Your Hearts Up"

Lançamento: 14 de fevereiro de 2012
Direção: Meiert Avis e Jeremy Alter

2013

"The Way"
    Lançamento: 28 de março de 2013
    Direção: Jones Crow
    Feat. Mac Miller

"Popular Song"
    Lançamento: 29 de abril de 2013
    Direção: Chris Marrs Piliero
    Com Mika

"Almost Is Never Enough"
    Lançamento: 19 de agosto de 2013
    Direção: The Young Astronauts
    Feat. Nathan Sykes

"Baby I"
    Lançamento: 6 de setembro de 2013
    Direção: Ryan Pallota

"Right There"
    Lançamento: 30 de outubro de 2013
    Direção: The Young Astronauts
    Feat. Big Sean

> A cantora já declarou que o dia da gravação do clipe "Put Your Hearts Up" foi um dos piores de sua vida! Ela inclusive solicitou que o clipe fosse removido de sua página da Vevo.

2014

"Problem"
Lançamento: 30 de maio de 2014
Direção: The Young Astronauts
Feat. Iggy Azalea

"Break Free"
Lançamento: 12 de agosto de 2014
Direção: Chris Marrs Piliero
Feat. Zedd

"Bang Bang"
Lançamento: 24 de agosto de 2014
Direção: Hannah Lux Davis
Com Jessie J e Nicki Minaj

"Love Me Harder"
Lançamento: 3 de novembro de 2014
Direção: Hannah Lux Davis
Feat. The Weeknd

"Santa Tell Me"
Lançamento: 13 de dezembro de 2014
Direção: Alfredo Flores e Jones Crow

> Com um clima retrô e psicodélico, o clipe de "Problem" ganhou o cobiçado prêmio de Melhor Clipe Pop no MTV Video Music Awards de 2014 e já conta com mais de 1 bilhão de visualizações no canal oficial da cantora no YouTube.

2015

"One Last Time"
   Lançamento: 16 de fevereiro de 2015
   Direção: Max Landis

"E Più Ti Penso"
   Lançamento: 13 de outubro de 2015
   Direção: Gaetano Morbioli
   Com Andrea Bocelli

"Focus"
   Lançamento: 30 de outubro de 2015
   Direção: Hannah Lux Davis

2016

"Dangerous Woman"
   Lançamento: 31 de março de 2016
   Direção: The Young Astronauts

"Let Me Love You"
   Lançamento: 16 de maio de 2016
   Direção: Grant Singer
   Feat. Lil Wayne

"Into You"
   Lançamento: 24 de maio de 2016
   Direção: Hannah Lux Davis

"Side to Side"
Lançamento: 28 de agosto de 2016
Direção: Hannah Lux Davis
Feat. Nicki Minaj

"My Favorite Part"
Lançamento: 12 de dezembro de 2016
Direção: Luis Perez
Com Mac Miller

"Faith"
Lançamento: 21 de dezembro de 2016
Direção: Alan Bibby
Com Stevie Wonder

2017

"Everyday"
Lançamento: 27 de fevereiro de 2017
Direção: Chris Marrs Piliero
Feat. Future

"Beauty and the Beast"
Lançamento: 5 de março de 2017
Direção: Dave Meyers
Com John Legend

2018

"No Tears Left to Cry"
    Lançamento: 20 de abril de 2018
    Direção: Dave Meyers

"The Light Is Coming"
    Lançamento: 21 de junho de 2018
    Direção: Dave Meyers
    Feat. Nicki Minaj

"Bed"
    Lançamento: 6 de julho de 2018
    Direção: Hype Williams e Alex Grizz Loucas
    Com Nicki Minaj

"God Is a Woman"
    Lançamento: 13 de julho de 2018
    Direção: Dave Meyers

"Dance to This"
    Lançamento: 19 de julho de 2018
    Direção: Bardia Zeinali
    Com Troye Sivan

"Breathin"
    Lançamento: 7 de novembro de 2018
    Direção: Hannah Lux Davis

"Thank U, Next"
    Lançamento: 30 de novembro de 2018
    Direção: Hannah Lux Davis

> O clipe de "Thank U, Next" é uma ode ao cinema teen dos anos 2000, fazendo referência a alguns filmes da época, especialmente *Meninas malvadas*. Até o ator Jonathan Bennett, que interpreta o mocinho Aaron Samuels no filme, aparece no clipe!

2019

"7 Rings"
   Lançamento: 18 de janeiro de 2019
   Direção: Hannah Lux Davis

"Break Up With Your Girlfriend, I'm Bored"
   Lançamento: 8 de fevereiro de 2019
   Direção: Hannah Lux Davis

"Rule The World"
   Lançamento: 11 de março de 2019
   Direção: Sebastian Sdaigui e Calos Veron
   Com 2 Chainz

"Monopoly"
   Lançamento: 1º de abril de 2019
   Direção: Ricky Alvarez e Alfredo Flores
   Feat. Victoria Monét

"In My Head"
   Lançamento: 9 de julho de 2019
   Direção: Bardia Zeinali

"Boyfriend"
   Lançamento: 2 de agosto de 2019
   Direção: Hannah Lux Davis
   Com Social House

"Don't Call Me Angel"
Lançamento: 13 de setembro de 2019
Direção: Hannah Lux Davis
Com Miley Cyrus e Lana Del Rey

2020

"Stuck with U"
Lançamento: 8 de maio de 2020
Direção: Rory Kramer, Alfredo Flores e Scooter Braun
Com Justin Bieber

"Rain on Me"
Lançamento: 22 de maio de 2020
Direção: Robert Rodriguez
Com Lady Gaga

"Positions"
Lançamento: 23 de outubro de 2020
Direção: Dave Meyers

"34+35"
Lançamento: 17 de novembro de 2020
Direção: Director X

Em "Positions", a cantora aparece como presidente dos EUA! Além disso, o clipe mostra seu gabinete presidencial formado majoritariamente por mulheres, de diversas etnias. *Girl power* invadindo a Casa Branca!

2021

"34+35 Remix"
   Lançamento: 12 de fevereiro de 2021
   Direção: Stefan Kohli
   Feat. Doja Cat e Megan Thee Stallion

"Save Your Tears (Remix)"
   Lançamento: 23 de abril de 2021
   Direção: Jack Brown
   Com The Weeknd

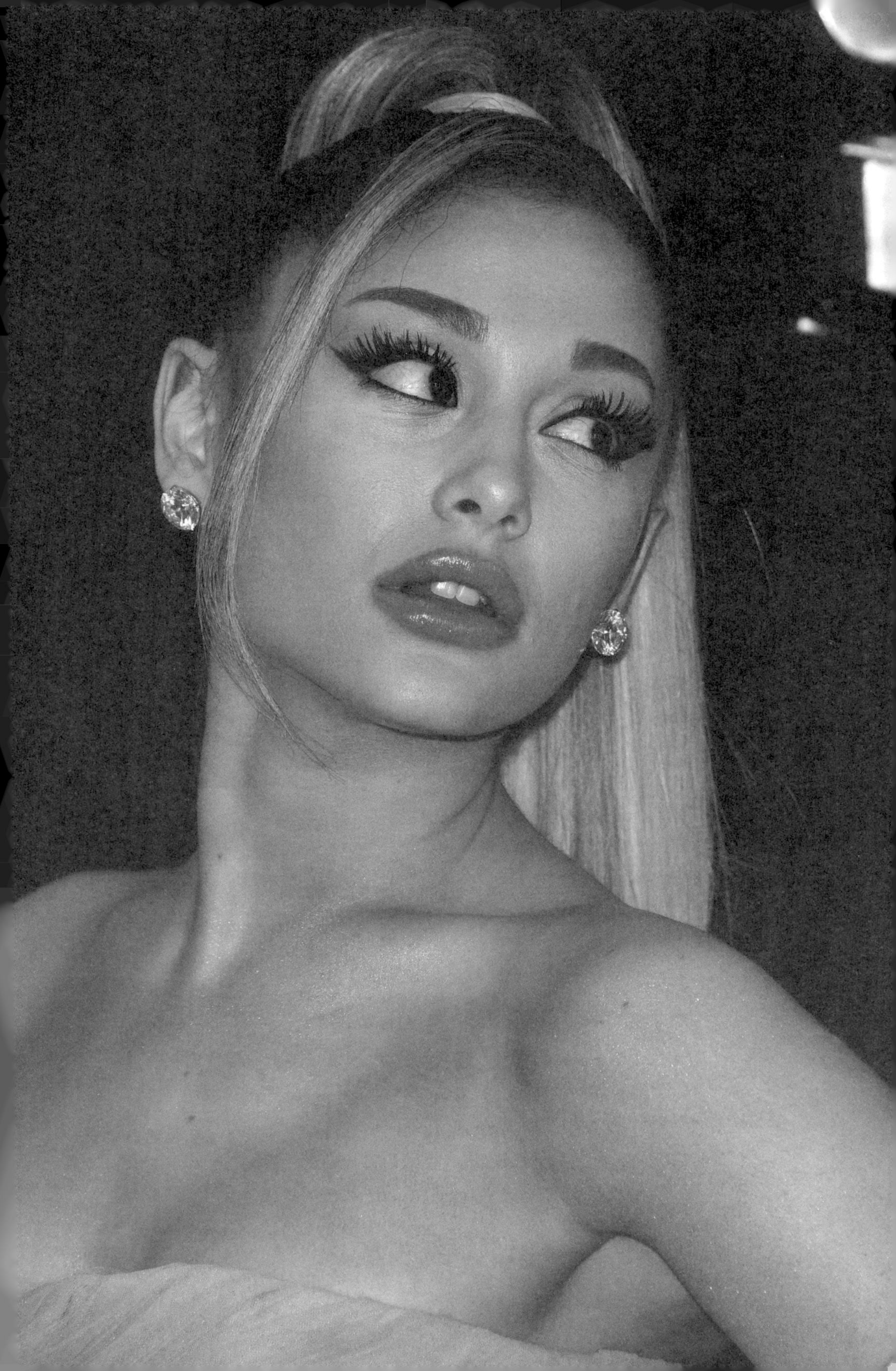

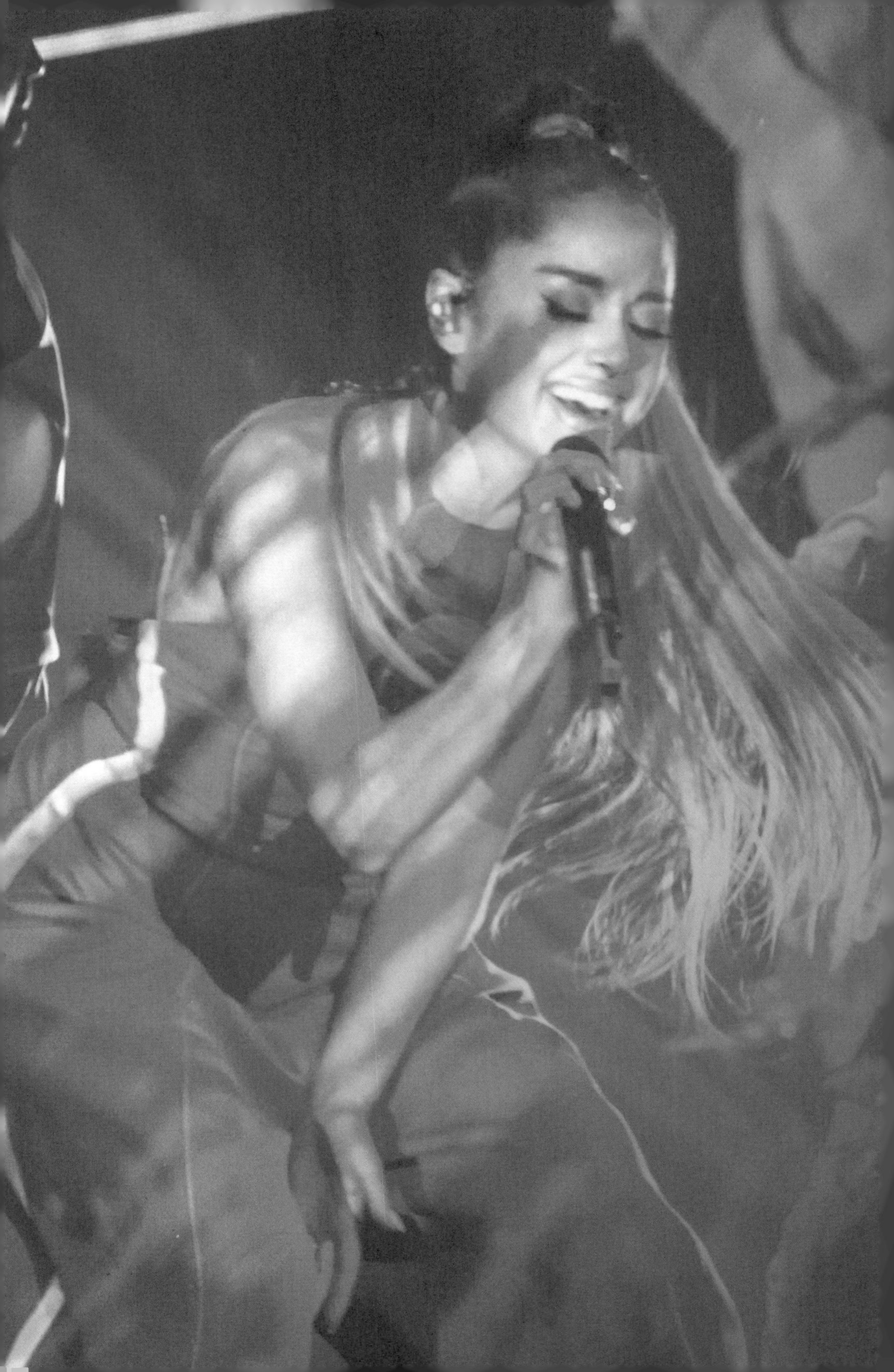

Turnês

Não existe nada que una mais um artista com seus fãs do que um show ao vivo. Neste ponto, Ariana Grande não só se destaca pela qualidade de suas apresentações, já que se entrega de corpo e alma, como tem muitas histórias para contar.

Seja para divulgar seus discos ou para encontrar fãs de outros países, Ariana sempre faz questão de montar supershows, para que seus fãs tenham mais um motivo para se orgulhar dela. Apesar do trágico e covarde ato em Manchester, Ariana e seus fãs têm muito o que comemorar.

Vamos viajar pelas turnês de Ariana, conhecer a lista original de canções de cada turnê e celebrar a união da artista com seus fãs.

1. The Listening Sessions

A primeira turnê de Ariana se limitou ao território da América do Norte. Ocorreu em 2013, na época do lançamento do álbum *Yours Truly*. Depois de abrir alguns shows do astro Justin Bieber, Ariana tinha como objetivo divulgar as canções de seu primeiro disco.

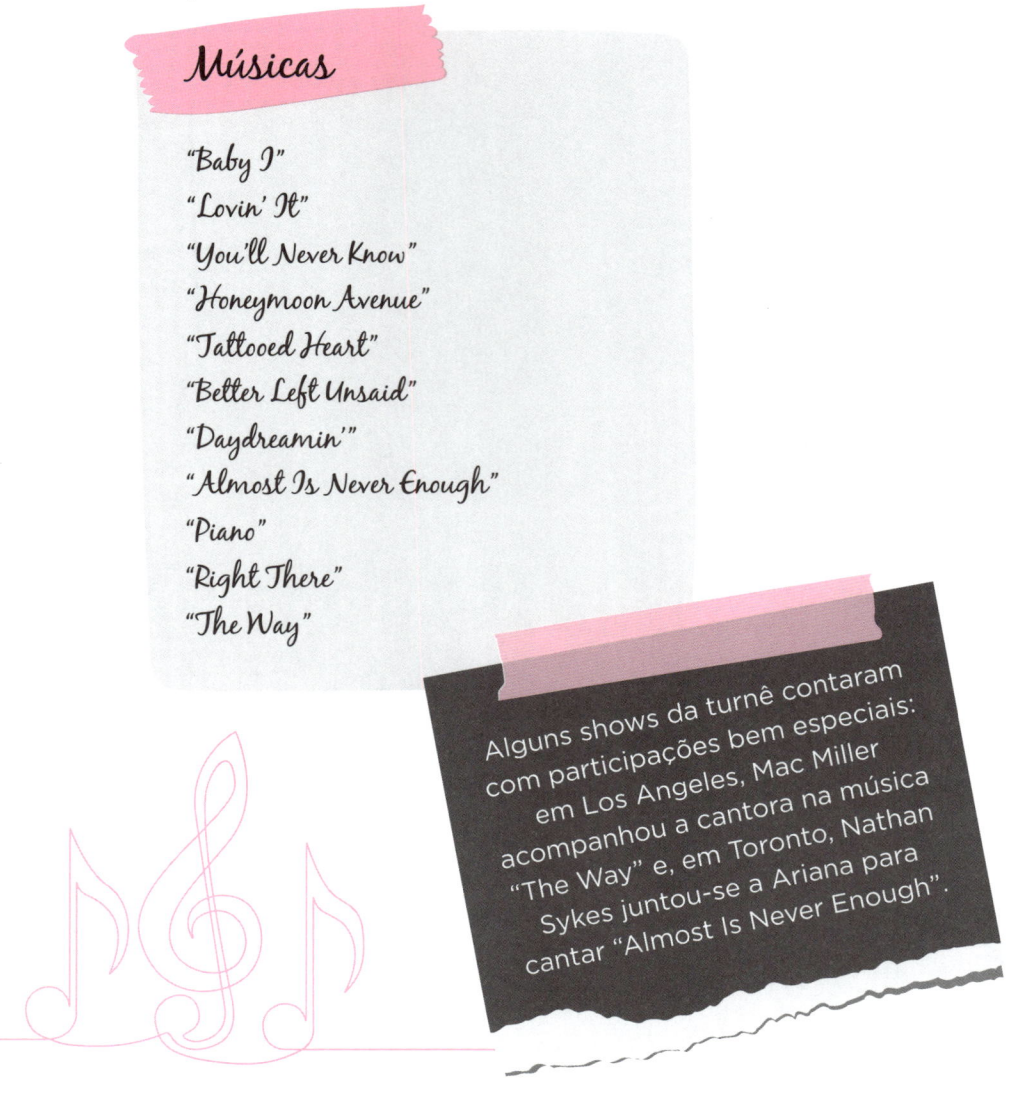

Músicas

"Baby I"
"Lovin' It"
"You'll Never Know"
"Honeymoon Avenue"
"Tattooed Heart"
"Better Left Unsaid"
"Daydreamin'"
"Almost Is Never Enough"
"Piano"
"Right There"
"The Way"

Alguns shows da turnê contaram com participações bem especiais: em Los Angeles, Mac Miller acompanhou a cantora na música "The Way" e, em Toronto, Nathan Sykes juntou-se a Ariana para cantar "Almost Is Never Enough".

2. The Honeymoon Tour

Em 2015, finalmente Ariana saiu em turnê mundial. Com o título de The Honeymoon Tour, teve início em 25 de fevereiro e encerrou-se em outubro daquele ano. Foram mais de 80 datas de apresentações em diversas partes do mundo: Europa, Ásia e Américas (Norte e Sul), terminando em São Paulo, Brasil. A turnê promoveu seu álbum *My Everything*.

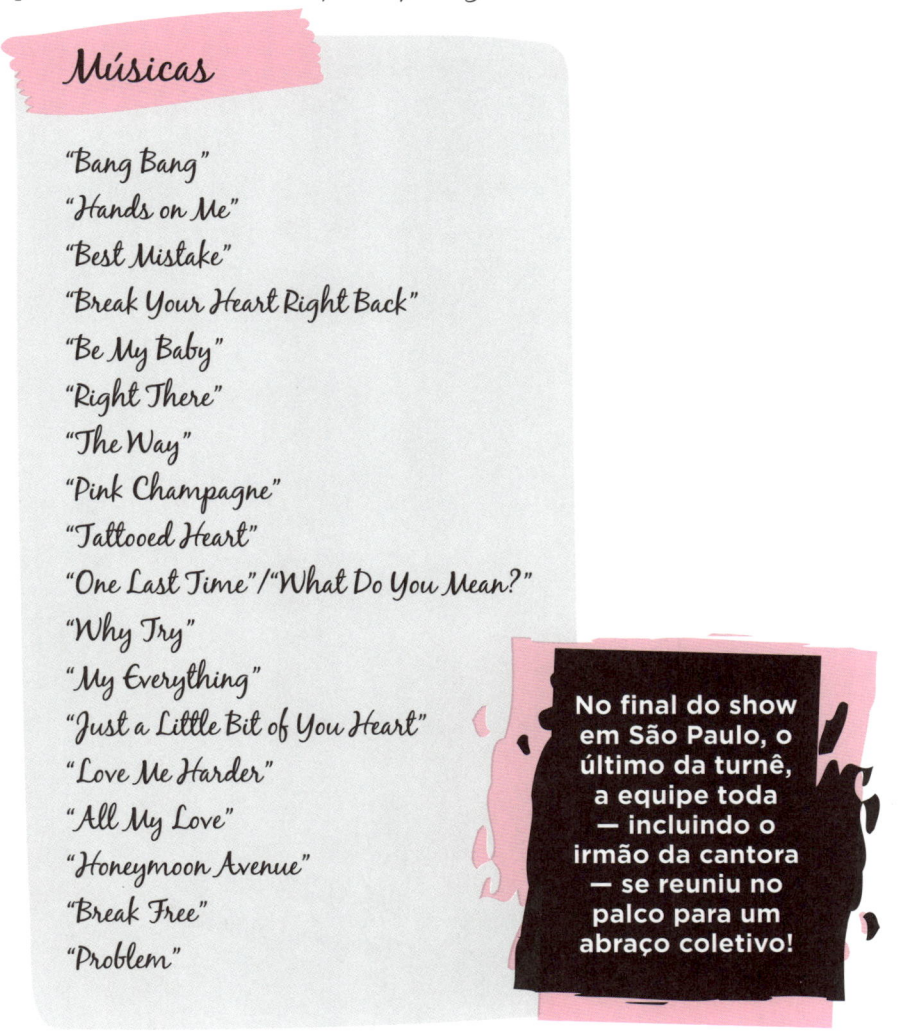

Músicas

"Bang Bang"
"Hands on Me"
"Best Mistake"
"Break Your Heart Right Back"
"Be My Baby"
"Right There"
"The Way"
"Pink Champagne"
"Tattooed Heart"
"One Last Time"/"What Do You Mean?"
"Why Try"
"My Everything"
"Just a Little Bit of You Heart"
"Love Me Harder"
"All My Love"
"Honeymoon Avenue"
"Break Free"
"Problem"

> No final do show em São Paulo, o último da turnê, a equipe toda — incluindo o irmão da cantora — se reuniu no palco para um abraço coletivo!

3. Dangerous Woman Tour

Para promover seu terceiro álbum, Ariana anunciou, em 23 de maio de 2016, que até o fim daquele ano daria detalhes de sua nova turnê. Em 9 de setembro, a artista divulgou as primeiras datas. A Dangerous Woman Tour começou no dia 3 de fevereiro de 2017 no Arizona, EUA. As cidades de São Paulo e Rio de Janeiro receberam a artista nos dias 10 de julho e 29 de junho, respectivamente.

Músicas

"Be Alright"
"Everyday"
"Bad Decisions"
"Let Me Love You"
"Knew Better"
"Forever Boy"
"One Last Time"
"Touch It"
"Leave Me Lonely"
"Side to Side"
"Bang Bang"
"Greedy"
"I Don't Care"
"Moonlight"
"Love Me Harder"
"Break Free"
"Sometimes"
"Thinking Bout You"
"Problem"
"Into You"
"Dangerous Woman"

UM DURO GOLPE
NA VIDA DE ARIANA

A Dangerous Woman Tour marcou um momento triste para a cantora. Em 22 de maio de 2017, após o fim de sua apresentação na Manchester Arena, na cidade de Manchester, Inglaterra, uma explosão matou 22 pessoas e deixou mais de 800 feridos. A autoria do atentado foi reivindicada pelo Estado Islâmico, organização jihadista islamita criada após a invasão dos Estados Unidos ao Iraque em 2003.

O responsável pela explosão foi Salman Ramadan Abedi, filho de imigrantes líbios e uma das vítimas fatais da explosão. Em suas redes sociais, Ariana lamentou profundamente o fato e prestou condolências às vítimas, além de suspender os sete shows seguintes de sua turnê.

A FORÇA
DA GRANDE

Se por um lado o atentando afetou profundamente Ariana, por outro também se tornou um momento de força da artista e seus fãs. Para celebrar a vida, a artista organizou o One Love Manchester no dia 4 de junho de 2017, retornando a Manchester para o show beneficente em prol dos afetados pelo atentado. O evento foi realizado no estádio Old Trafford Cricket Ground, com capacidade para 50 mil pessoas. Os ingressos se esgotaram em apenas 6 minutos e a apresentação foi transmitida pela rede britânica BBC.

Além de Ariana, o evento contou com grandes nomes da música, como Black Eyed Peas, Coldplay, Imogen Heap, Justin Bieber, Katy Perry, Liam Gallagher, Little Mix, Miley Cyrus, Niall Horan, Pharrell Williams, Robbie Williams, Take That, entre outros grandes artistas.

Além do One Love Manchester, Grande lançou mais uma vez o single "One Last Time" para que o lucro arrecadado fosse revertido para a causa. Ariana também revisitou seu passado no teatro ao cantar "Somewhere Over The Rainbow", de *O Mágico de Oz*, com o mesmo objetivo.

4. Sweetener World Tour

Demorou um pouco, mas finalmente Ariana Grande estava pronta para sua quarta turnê. Planejada para a América do Norte e a Europa, a turnê teve início no estado de Nova York, passou pelo Velho Mundo e terminou na Califórnia após mais de 100 apresentações.

Músicas

"Raindrops (An Angel Cried)"
"God Is a Woman"
"Bad Idea"
"Break Up with Your Girlfriend, I'm Bored"
"R.E.M"
"Be Alright"
"Sweetener"/"Successful"
"Side to Side"/"Bloodline"
"7 Rings"
"Love Me Harder"/"Breathin"
"Needy"
"Fake Smile"
"Make Up"
"Right There"/"You'll Never Know"
"Break Your Heart Right Back"
"NASA"
"Goodnight n Go"
"Everytime"

"One Last Time"
"The Light Is Coming"
"Into You"
"Dangerous Woman"
"Break Free"
"No Tears Left to Cry"
"Thank U, Next"

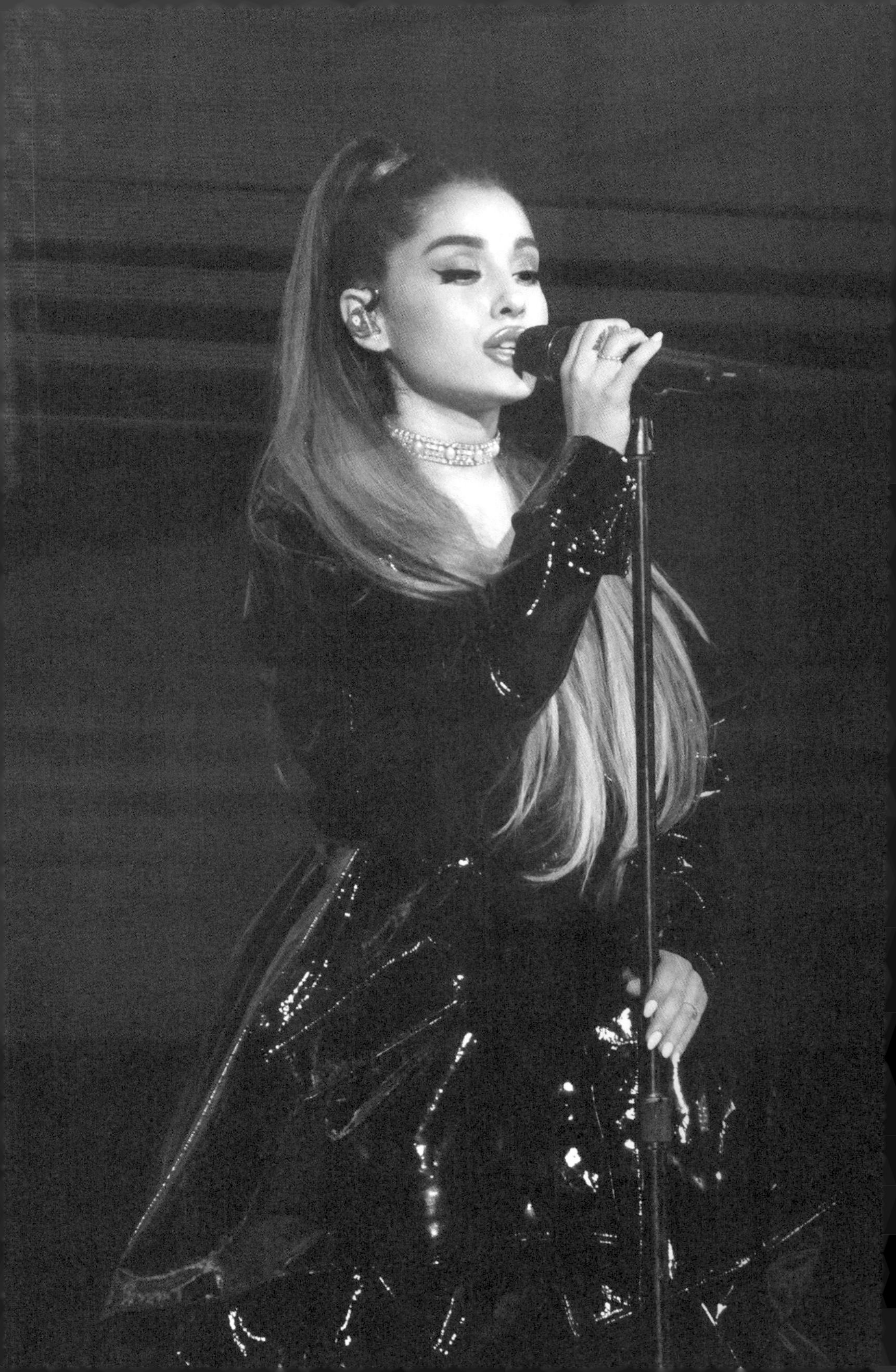

O RECONHECIMENTO DE UMA ESTRELA

Um artista que brilha mundialmente materializa seu sucesso em milhões de discos vendidos, fãs apaixonados e premiações. A indústria da música tem, ao redor do mundo, diversos eventos que celebram a produção mundial e premiam os artistas que mais se destacam.

Desde o início de sua carreira, Ariana Grande coleciona indicações e vitórias em diversos desses prêmios, uma forma de qualificar seu talento e sua evolução no mercado. Vamos então conferir os mais importantes prêmios e indicações que Grande já conquistou ao longo de sua carreira cheia de sucessos!

Grammy Awards

Maior premiação mundial da música, criada nos Estados Unidos em 1959 pela National Academy of Recording Arts and Sciences.

Prêmios

2019 Melhor Álbum Pop Vocal (*Sweetener*)
2021 Melhor Performance Pop de um Duo ou Grupo ("Rain on Me", com Lady Gaga)

Indicações

2015 Melhor Álbum Pop Vocal (*My Everything*); Melhor Performance Pop de um Duo ou Grupo ("Bang Bang", com Jessie J e Nicki Minaj)
2017 Melhor Performance Pop Solo ("Dangerous Woman"); Melhor Álbum Pop Vocal (*Dangerous Woman*)
2019 Melhor Performance Pop Solo ("God Is a Woman")
2020 Álbum do Ano e Melhor Álbum Pop Vocal (*Thank U, Next*); Gravação do Ano e Melhor Performance Pop Solo ("7 Rings"); Melhor Performance Pop de um Duo ou Grupo ("Boyfriend", com Social House)

Billboard Music Awards

Premiação norte-americana promovida pela revista *Billboard* desde 1990 para homenagear a indústria da música.

Prêmios

2019   Melhor Artista Feminina; Prêmio Billboard Chart Achievement

Indicações

2014   Artista Revelação
2015   Melhor Artista; Melhor Artista Feminina; Artista Top 100; Artista Favorito nas Redes Sociais; Melhor Artista no Streaming; Melhor Música Dance/Eletrônica ("Break Free", feat. Zedd)
2016   Melhor Artista Feminina; Artista Favorito nas Redes Sociais
2017   Melhor Artista; Melhor Artista Feminina; Artista Favorito nas Redes Sociais
2018   Artista Favorito nas Redes Sociais
2019   Melhor Artista; Artista Top 200; Artista Top 100; Melhor Artista no Streaming; Artista Favorito nas Redes Sociais; Melhor Canção de Rádio; Artista com Maior Venda
2020   Melhor Artista Feminina; Artista Favorito nas Redes Sociais; Álbum Top 200 (*Thank, U, Next*)
2021   Melhor Artista Feminina; Artista Favorito nas Redes Sociais; Melhor Música Dance/Eletrônica ("Rain on Me", com Lady Gaga)

MTV Video Music Awards

Conhecido como vma, trata-se de uma premiação importante criada pela mtv em 1984.

Prêmios

2014 Melhor Clipe Pop ("Problem", feat. Iggy Azalea)
2018 Melhor Música Pop ("No Tears Left to Cry")
2019 Artista do Ano; Melhor Direção de Arte ("7 Rings"); Canção de Verão ("Boyfriend", com Social House)
2020 Música do Ano, Melhor Fotografia e Melhor Colaboração ("Rain on Me", com Lady Gaga); Melhor Clipe Feito em Casa ("Stuck with U", com Justin Bieber)

Indicações

2014 Melhor Colaboração; Melhor Clipe de Artista Feminino e Melhor Lyric Video ("Problem", feat. Iggy Azalea)
2015 Melhor Colaboração ("Bang Bang", com Nicki Minaj e Jessie J; e "Love Me Harder", feat. The Weeknd)
2016 Melhor Clipe de Artista Feminino, Melhor Clipe Pop, Melhor Fotografia e Melhor Edição ("Into You"); Melhor Colaboração ("Let Me Love You", feat. Lil Wayne)
2017 Artista do Ano; Melhor Coreografia ("Side to Side", feat. Nicki Minaj)
2018 Artista do Ano; Clipe do Ano, Melhor Fotografia e Melhores Efeitos Visuais ("No Tears Left to Cry")

2019   Clipe do Ano, Música do Ano, Melhor Música Pop, Melhor Direção e Melhor Fotografia ("Thank U, Next"); Melhor Hino e Melhor Edição ("7 Rings"); Melhores Efeitos Visuais ("God Is a Woman"); Melhor Música Hip Hop ("Rule the World", com 2 Chainz)
2020   Clipe do Ano, Melhor Música Pop, Melhores Efeitos Visuais e Melhor Coreografia ("Rain on Me", com Lady Gaga); Melhor Colaboração ("Stuck with U", com Justin Bieber)

MTV Europe Music Awards
Edição europeia da premiação feita pela MTV, criada em 1994.

Prêmios
2014   Melhor Artista Feminina; Melhor Música ("Problem", feat. Iggy Azalea)
2016   Melhor Artista dos EUA

Indicações
2013   Artista em Ascensão
2014   Melhor Artista Pop; Melhores Fãs; Melhor Revelação; Melhor "Push" (ascensão do ano)
2015   Melhor Artista Pop
2016   Melhor Artista Pop; Melhores Fãs
2017   Melhores Fãs; Melhor Artista
2018   Melhor Artista; Melhor Artista Pop; Melhor Artista dos EUA; Melhor Clipe e Melhor Música ("No Tears Left to Cry")

2019 Melhor Música ("7 Rings"); Melhor Artista; Melhor Clipe ("Thank U, Next"); Melhor Artista Pop; Melhor Artista ao Vivo; Melhores Fãs; Melhor Artista dos EUA

2020 Melhor Clipe, Melhor Música e Melhor Colaboração ("Rain on Me", com Lady Gaga); Melhores Fãs

American Music Awards

Premiação norte-americana criada em 1973 pelo canal CBS.

Prêmios

2013 Artista Revelação
2015 Artista Feminino de Pop/Rock
2016 Artista do Ano

Indicações

2015 Artista do Ano
2018 Artista Favorito nas Redes Sociais
2019 Artista do Ano; Turnê do Ano (Sweetener World Tour); Artista Feminino de Pop/Rock; Melhor Clipe ("7 Rings"); Melhor Álbum Pop/Rock (*Thank U, Next*); Artista Favorito nas Redes Sociais
2020 Melhor Clipe e Melhor Colaboração ("Rain on Me", com Lady Gaga); Artista Favorito nas Redes Sociais

People's Choice Awards

Premiação que coroa os favoritos da audiência no cinema, televisão e música, criada em 1975.

Prêmios

2014 Artista Revelação
2020 Celebridade do Ano; Artista Feminina do Ano

Indicações

2015 Álbum Favorito (*My Everything*); Música Favorita ("Bang Bang", com Nicki Minaj e Jessie J)
2017 Artista Feminina Favorita; Artista Pop Favorito; Álbum Favorito (*Dangerous Woman*)
2018 Artista Feminina do Ano; Álbum do Ano (*Sweetener*); Música do Ano e Clipe do Ano ("No Tears Left to Cry")
2019: Clipe do Ano e Música do Ano ("7 Rings"); Artista Feminina Favorita; Álbum Favorito do Ano (*Thank U, Next*); Turnê do Ano (Sweetener World Tour); Celebridade do Ano
2020: Música do Ano ("Stuck With U", com Justin Bieber; e "Rain on Me", com Lady Gaga); Colaboração do Ano e Clipe do Ano ("Rain on Me", com Lady Gaga)

Nickelodeon Kids' Choice Awards

Premiação norte-americana que celebra cinema, televisão e música desde 1987 criada pela Nickelodeon.

Prêmios

- 2015 Música do Ano ("Bang Bang", com Nicki Minaj e Jessie J)
- 2016 Artista Feminina
- 2019 Música do Ano ("Thank U, Next"); Artista Feminina
- 2020 Artista Feminina
- 2021 Artista Feminina; Melhor Colaboração ("Stuck with U", com Justin Bieber)

Indicações

- 2015 Artista Feminina; Música do Ano ("Problem", feat. Iggy Azalea)
- 2017 Artista Feminina; Música do Ano ("Side to Side", feat. Nicki Minaj)
- 2020 Música do Ano ("7 Rings")
- 2021 Melhor Colaboração ("Rain on Me", com Lady Gaga)

Radio Disney Music Awards

Premiação anual criada pela Rádio Disney dos Estados Unidos. É transmitida pelo Disney Channel desde 2013.

Prêmios

- 2014 Artista das Paradas
- 2015 Melhor Artista Feminina; Artista Mais Popular; Música do Ano ("Problem", feat. Iggy Azalea)
- 2016 Melhor Música Para Dançar ("Focus")
- 2017 Melhor Artista Feminina

Indicações

- 2014 Artista Revelação; Artista Mais Popular
- 2015 Artista com Mais Estilo
- 2017 Melhor Colaboração ("Beauty and the Beast", com John Legend)

Teen Choice Awards

Premiação criada pelo canal Fox em 1999 que homenageia destaques da música, do cinema, do esporte e da televisão.

Prêmios

- 2014 Artista Feminina; Música de Artista Feminina ("Problem", feat. Iggy Azalea)
- 2015 Conta de Instagram; Música de Artista Feminina ("One Last Time")
- 2016 Melhor Música de Artista Feminina ("Dangerous Woman"); Melhor Selfie
- 2017 Artista Feminina; Melhor Turnê de Verão (Dangerous Woman Tour); Melhor Snapchat; Melhor Iniciativa

2018 Melhor Snapchat
2019 Melhor Música Pop ("Thank U, Next")

Indicações

2013 Artista Revelação; Artista Feminina de Verão; Ícone de Estilo; Canção de Amor ("The Way", feat. Mac Miller)
2014 Artista Feminina de Verão; Artista Feminina Destaque; Fãs Fanáticos; Música de Separação ("Break Free", feat. Zedd); Melhor Colaboração – Escolha da Web (com Alfie Deyes)
2015 Artista Feminina; Artista de Verão Feminina; Turnê de Verão (The Honeymoon Tour); Música de Artista Feminina ("Bang Bang", com Nicki Minaj e Jessie J)
2016 Artista Feminina; Artista de Verão Feminina; Canção de Amor ("Into You")
2017 Melhor Fandom
2018 Artista Feminina; Artista de Verão Feminina; Música de Artista Feminina e Melhor Música Pop ("No Tears Left to Cry")
2019 Artista Feminina; Melhor Música de Artista Feminina ("7 Rings"); Turnê de Verão (Sweetener World Tour); Melhor Fandom

OUTROS PRÊMIOS

ASCAP Pop Music Awards
2015 Música Mais Tocada ("Bang Bang", com Jessie J e Nicki Minaj; "Break Free", feat. Zedd; e "Problem", feat. Iggy Azalea); Publicação do Ano ("Problem", feat. Iggy Azalea)
2016 Música Vencedora ("Love Me Harder", feat. The Weeknd)
2017 Música Vencedora ("Dangerous Woman")
2018 Música Vencedora ("Side to Side", feat. Nicki Minaj)
2019 Música Vencedora ("7 Rings", "God Is a Woman" e "No Tears Left to Cry")
2020 Música Vencedora ("7 Rings", "Break Up with Your Girlfriend, I'm Bored", "Breathin", "Thank U, Next")

Bambi Awards
2014 Revelação do Ano

BBC Radio 1's Teen Awards
2017 Melhor Artista Solo Internacional
2019 Melhor Artista Solo Internacional

Billboard Women in Music Awards
2014 Revelação
2018 Mulher do Ano

Billboard.com Mid-Year Music Awards
2013 Artista Revelação
2014 Melhor Performance Televisionada (com Iggy Azalea e Charli XCX no Billboard Music Awards)

Bravo Otto
2015   Super Cantora (Bronze)
2020   Super Cantora Internacional (Ouro)

BRIT Awards
2019   Melhor Artista Feminina Internacional

GAFFA Awards
Noruega
2018   Artista Solo Internacional
Suécia
2019   Artista Solo Internacional; Álbum do Ano Internacional (*Sweetener*)

iHeartRadio Music Awards
2014   Influenciadora Jovem
2015   Melhor Colaboração ("Bang Bang", com Jessie J e Nicki Minaj)
2018   Pet Mais Fofo (Toulose)
2019   Artista do Ano; Artista Feminina do Ano; Álbum Pop do Ano (*Sweetener*)

Japan Gold Disc Awards
2015   Artista Revelação Internacional; Melhores Três Álbuns Internacionais (*My Everything*)
2017   Artista Internacional do Ano; Álbum Internacional do Ano e Melhores Três Álbuns Internacionais (*Dangerous Woman*)

Meus Prêmios Nick
2017   Melhor Instagram Internacional

MTV Italian Music Awards
2016 Melhor Artista Internacional Feminina
2017 Melhor Artista Internacional Feminina

MTV Millennial Awards
2015 Conta do Ano no Instagram; Hit Internacional do Ano ("One Last Time")
2016 Conta do Ano no Snapchat

MTV Video Music Awards Japan
2014 Melhor Clipe de Artista Estreante ("Baby I")
2015 Melhor Clipe de Artista Feminina ("Problem", feat. Iggy Azalea)
2016 Melhor Clipe de Artista Feminina ("Into You")
2018 Melhor Clipe de Artista Internacional ("No Tears Left to Cry")

NME Awards
2018 Heroína do Ano; Momento Musical do Ano (One Love Manchester)

NJR Music Awards
2014 Artista Revelação Internacional

Streamy Awards
2017 Melhor Cover ("Somewhere Over the Rainbow")

The Music Business Association
2013 Artista Revelação

OUTRAS INDICAÇÕES

ARIA Music Awards
2019   Melhor Artista Internacional

BET Awards
2014   Revelação do Ano

BBC Radio 1's Teen Awards
2016   Melhor Artista Solo Internacional

Bravo Otto
2013   Superstar; Super Parceria com Jennette McCurdy

BRIT Awards
2016   Melhor Artista Feminina Internacional

GAFFA Awards
Noruega
2018   Música Internacional do Ano ("God Is a Woman")
Suécia
2019   Música Internacional do Ano ("Thank, U, Next")

Glamour Awards
2016   Melhor Artista Internacional
2017   Melhor Ato Musical Internacional

Global Awards
2018   Melhor Cantora; Melhor Artista Pop
2019   Melhor Cantora Pop; Melhor Canção ("No Tears Left to Cry")
2020   Melhor Cantora

iHeartRadio Music Awards

- 2014 Melhor Base de Fãs; Melhor Instagram
- 2015 Artista do Ano; Melhor Colaboração ("Problem", feat. Iggy Azalea)
- 2016 Melhor Base de Fãs
- 2017 Artista Feminina do Ano; Melhor Cover ("How Will I Know"); Melhor Clipe ("Side to Side", feat. Nicki Minaj); Melhor Base de Fãs
- 2018 Melhor Base de Fãs
- 2019 Melhor Base de Fãs; Melhor Clipe, Melhor Letra e Letra Chocante ("Thank U, Next"); Melhor Cover ("(You Make Me Feel Like) A Natural Woman"); Pet Mais Fofo (Piggy Smallz)
- 2020 Artista Feminina do Ano; Melhor Clipe e Melhor Letra ("7 Rings"); Melhor Base de Fãs; Melhor Remix ("Good as Hell", com Lizzo), Fotógrafo de Turnê Favorito (Alfredo Flores); Coreografia Favorita ("7 Rings", Scott and Brian Nicholson)
- 2021 Artista Feminina do Ano; Melhor Base de Fãs; Melhor Clipe e Melhor Música Dance ("Rain on Me", com Lady Gaga)

Juno Awards

2017 Álbum Internacional do Ano (*Dangerous Woman*)

Meus Prêmios Nick

- 2014 Artista Internacional; Melhor Fandom
- 2015 Artista Internacional
- 2016 Artista Internacional
- 2017 Artista Internacional; Melhor Show no Brasil (Dangerous Woman Tour)

Much Music Video Awards
2016   Artista Internacional do Ano

NAACP Image Awards
2014   Artista Revelação

Neox Fan Awards
2014   Artista Revelação

NRJ Music Awards
2014   Música do Ano Internacional ("Problem", feat. Iggy Azalea)

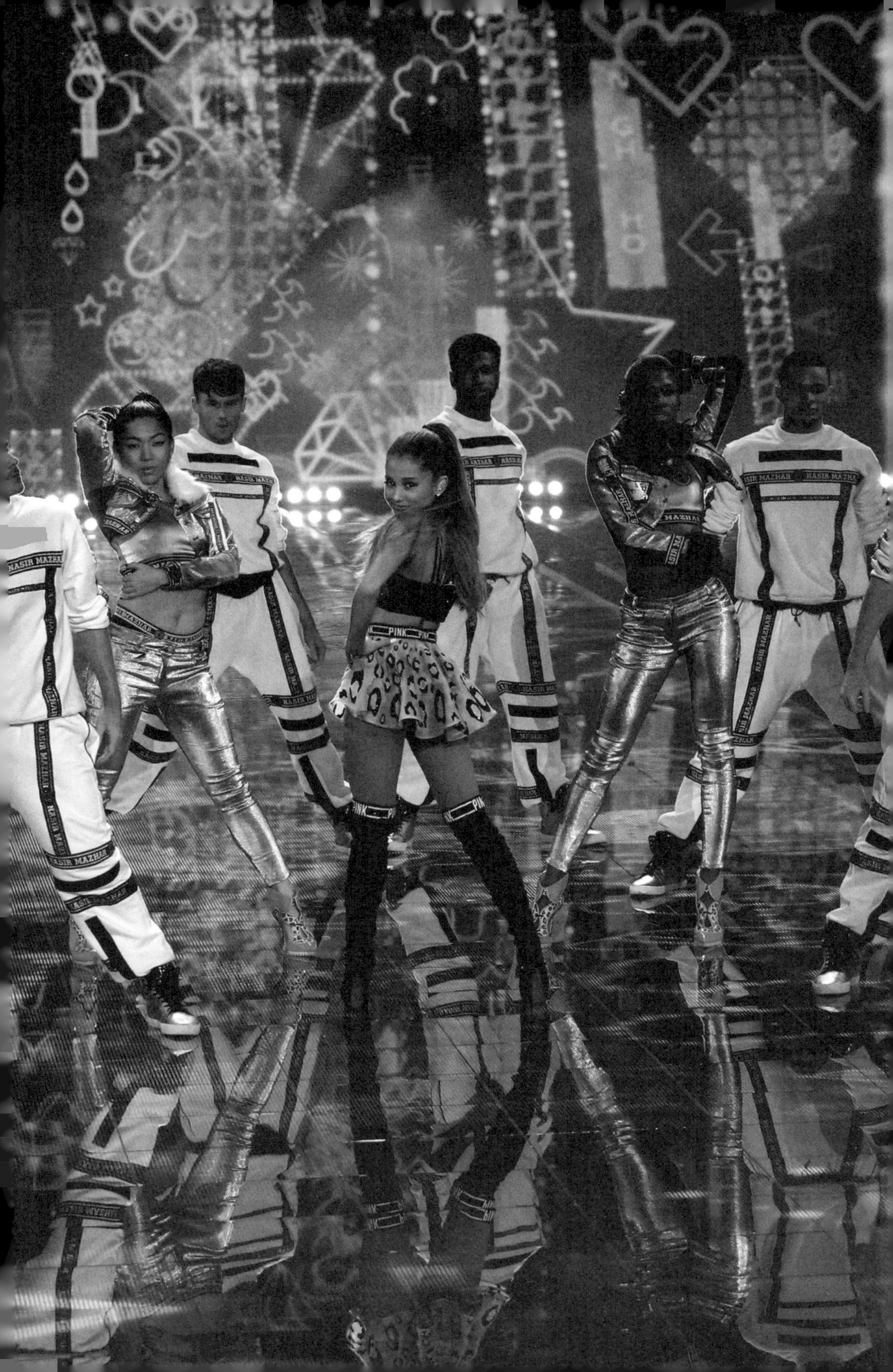
NASIR MAZHAR
PINK

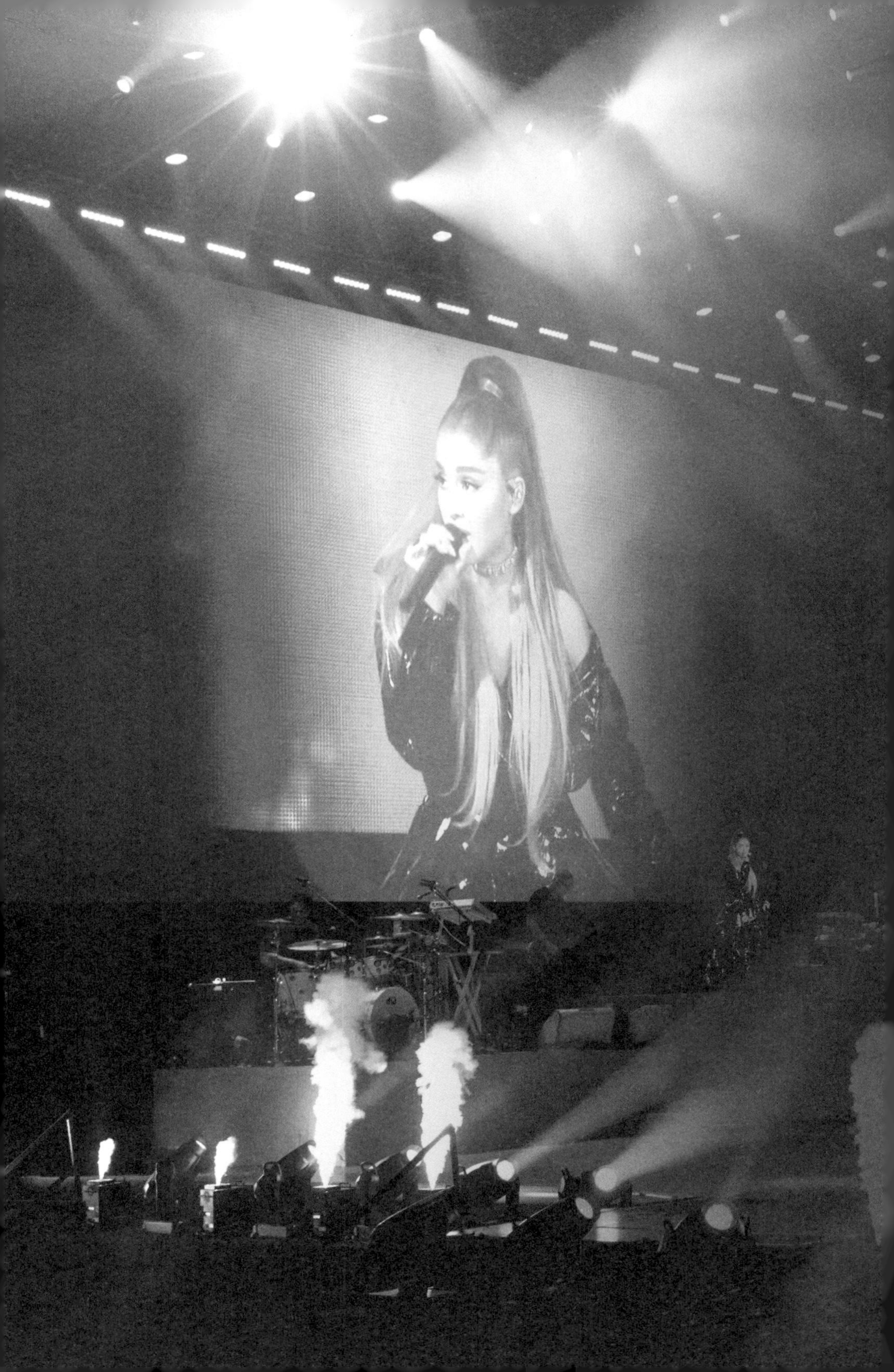

Nos palcos e nas telas

Até agora vimos toda a força sonora de Ariana, mas seu talento não se resume ao momento em que ela solta a voz. Desde cedo, como vimos em sua história, a estrela mostrou que é uma grande atriz. Vinda do teatro, a jovem participou de peças infantis e musicais até se tornar uma estrela na TV e no cinema.

ARIANA E A SÉTIMA ARTE

Sonho de todos os atores que almejam o estrelato, Ariana já tem muita história para contar. No cinema, ela ainda não alcançou o mesmo sucesso que conquistou com seriados ou na música, mas já participou de diversos filmes. Vamos ver quais são suas participações:

Snowflake, the White Gorilla

Ano: 2011
Direção: Andrés G. Schaer
Papel: Snowflake

Snowflake, the White Gorilla é, originalmente, uma animação espanhola de 2011. O filme foi lançado em 2013 nos EUA, e Ariana participou do elenco da dublagem em inglês com David Spade, Jennette McCurdy, Nathan Kress, Dallas Lovato, Keith David e Christopher Lloyd, entre outros.
Snowflake é a única gorila branca do mundo e principal atração de um zoológico. As crianças a adoram, mas ela é diferente dos demais gorilas. Com ajuda de seus amigos, planeja fugir do zoológico e encontrar alguém que possa fazer dela uma gorila normal.

Um time show de bola

Ano: 2013
Direção: Juan José Campanella
Papel: Laura

Segunda animação com a participação de Ariana. O elenco de dublagem em inglês também conta com Shawn Mendes, Katie Holmes, Bella Thorne e Mel Brooks, entre outros artistas.

Amadeo adora jogar pebolim. Um dia, ele é desafiado por Ezequiel, que vive se gabando por ser um grande jogador de futebol. Só que Amadeo vence e Ezequiel fica furioso. Anos depois, Ezequiel volta a sua cidade natal bastante rico e com a ideia de transformá-la em um parque temático. Para salvar a cidade, Amadeo terá outro desafio com Ezequiel, agora em uma partida de futebol de campo. Com seus amados bonecos da mesa de pebolim para ajudá-lo, Amadeo é a última esperança de sua cidade.

No filme, Ariana Grande é Laura, interesse romântico de Amadeo.

Ariana é fã de *Harry Potter*, principalmente do ator Tom Felton, que interpreta Draco Malfoy nos filmes. Também adora Judy Garland e Jim Carrey e, quando criança, gostava muito de filmes de terror com Freddy Krueger (*A Hora do Pesadelo*).

Zoolander 2

Ano: 2016
Direção: Ben Stiller
Papel: Latex Girl

Sequência do filme *Zoolander*, de 2001. Após serem humilhados, Derek Zoolander e Hansel deixam as passarelas da moda. Na mesma época, os famosos mais bonitos do mundo começam a ser assassinados e uma top model pede ajuda da dupla de protagonistas. Então, Zoolander e Hansel precisam enfrentar mais uma vez o estilista Mugatu. Ariana faz uma participação de dez segundos, que ela mesma descreveu como a experiência mais legal de todas. O elenco de *Zoolander 2* traz Ben Stiller, Owen Wilson, Will Ferrell, Penélope Cruz, Kristen Wiig, Fred Armisen, Cyrus Arnold, Kyle Mooney, Milla Jovovich e Benedict Cumberbatch.

Na versão original do filme *MIB: Homens de Preto — Internacional* (2019), Ariana Grande aparece em uma cena como exemplo de alienígena que vive entre nós!

Don't Look Up

Ano: 2021 (previsão)
Direção: Adam McKay
Papel: Riley Bina

Filme da Netflix a ser lançado em 2021 com inúmeras estrelas do cinema, como Jennifer Lawrence, Leonardo DiCaprio, Meryl Streep, Cate Blanchett, Rob Morgan, Jonah Hill, Timothée Chalamet, Kid Cudi, Matthew Perry, Ron Perlman e Chris Evans.
O filme conta a história de dois astrônomos que desejam alertar a humanidade sobre a aproximação de um asteroide que destruirá o planeta Terra.

TELINHA BRILHANTE

A MÚSICA E O CINEMA SÃO IMPORTANTES NA VIDA E CARREIRA DE Ariana Grande, mas a artista deve muito à TV. Foi nos seriados e desenhos que ela foi alçada ao sucesso. Lá, ela brilhou pela primeira vez e conseguiu se tornar famosa mundialmente. Dentre animações, séries e filmes para TV, a "telinha" foi a primeira grande porta para conhecermos e amarmos nossa querida Ariana.

2009

THE BATTERY'S DOWN

O primeiro papel de Ariana Grande na TV foi ao ar em 1º de maio de 2009. Trata-se de uma comédia musical que mostra a vida de jovens atores em Nova York. Ariana participou do segundo episódio da segunda temporada, "Bad Bad News". Ariana foi creditada como "Bat Mitzvah Riffer".

2010 A 2013

BRILHANTE VICTÓRIA

Um marco da vida e carreira de Ariana. A comédia musical *Brilhante Victória* foi criada por Dan Schneider para o canal

Nickelodeon e exibida de 27 de março de 2010 a 2 de fevereiro de 2013. Ao todo, a série teve 4 temporadas, com 57 episódios e 4 especiais.

Brilhante Victória é protagonizada por Victoria Justice, no papel de Tori Vega, que possui o sonho de ser atriz e cantora. Após substituir a irmã num show de talentos, é convidada para estudar na Hollywood Arts, escola especializada em desenvolver as habilidades artísticas de seus alunos.

A série mostra o dia a dia da jovem, sua interação com os amigos e diversas situações engraçadas. O elenco traz ainda Leon Thomas III, Avan Jogia, Elizabeth Gillies, Daniella Monet e Matt Bennett.

Ariana interpreta Caterina "Cat" Valentine, uma garota de cabelo vermelho, divertida e ingênua, que adora cupcakes e espaguete. Mesmo não sendo a protagonista, Grande se destacou por seu talento musical.

> Ariana participou de um especial de 90 minutos da quarta temporada de *iCarly*, comédia musical que conta a história de Carly Shay (interpretada por Miranda Cosgrove) e Sam Puckett (interpretada por Jennette McCurdy), duas amigas que se tornam celebridades na internet. Exibido em 2011, o especial promoveu o encontro de dois dos principais programas da Nickelodeon: *iCarly* e *Brilhante Victória*. Nele, Carly Shay está saindo com um rapaz chamado Steven Carson, que também possui um relacionamento com Tori Vega, até que a confusão é descoberta.
>
> Além de proporcionar algo que fez a alegria dos fãs da série, a Nickelodeon acabou dando o primeiro passo para um futuro novo programa do canal, do qual Ariana Grande seria protagonista.

2011 A 2013

O Clube das Winx

O *Clube das Winx* é uma animação criada na Itália por Iginio Straffi. Ao todo, possui 8 temporadas e 208 episódios. A Nickelodeon passou a exibir em 2004 a produção, que conta a história de Bloom, uma fada guerreira que luta contra o mal com a ajuda de suas amigas Stella, Flora, Tecna, Musa, Aisha e Roxy. Juntas, elas formam O Clube das Winx.

Ariana deu voz à Princesa Diaspro, entre 2011 e 2013. Diaspro é uma jovem de 17 anos conhecida como Rainha das Joias. É uma fada arrogante e mimada, mas linda, forte e poderosa.

> Por causa dos cabelos vermelhos de sua personagem em *Brilhante Victória*, Ariana tinha que pintar os fios constantemente. Isso causou muito dano aos seus cabelos, fazendo com que, para disfarçar, usasse rabo de cavalo por muito tempo — o que se tornou sua marca registrada!

2013

SWINDLE

Swindle é um filme para TV com direção de Jonathan Judge que traz em seu elenco Noah Crawford, Chris O'Neal, Jennette McCurdy, Noah Munck e Ciara Bravo. Trata-se de uma produção da Nickelodeon baseada no livro de mesmo nome, escrito por Gordon Korman, que reuniu grandes nomes do canal.

Griffin Bing é conhecido por ajudar quase todos em sua escola. Um dia, ele encontra uma valiosa figurinha de beisebol, mas acaba vendendo-a muito abaixo do seu valor. Então, pede ajuda para seus amigos para recuperar o valioso objeto. Ariana é Amanda Benson, uma líder de torcida bastante popular na escola de Griffin.

2013 A 2014

SAM & CAT

O sucesso de *Brilhante Victória* e *iCarly* na Nickelodeon foi estrondoso não só para o canal de TV, como para diversos artistas que "nasceram" nelas. Os fãs queriam mais de alguns dos personagens de suas queridas séries e Dan Schneider entrou mais uma vez em ação. Foi criada então *Sam & Cat*, uma nova série cômica para a alegria de quem curtia a Nickelodeon.

Apesar de durar apenas 36 episódios em uma temporada, exibida originalmente entre 8 de junho de 2013 e 17 de julho de 2014, este *spin-off* de *iCarly* e *Brilhante Victória* é importante na história de Ariana Grande, pois comprova a ascensão da artista na TV.

Agora como protagonista, Ariana, reprisando seu papel de Cat Valentine, se juntava a Sam Puckett (vivida por Jennette McCurdy) para novas aventuras e momentos engraçados com sua nova parceira. A série se passa em Los Angeles e mostra nossas protagonistas após o fim do programa da web iCarly. Ariana e Jennette trabalham como babás para conseguir dinheiro para realizar seus sonhos.

2014

UMA FAMÍLIA DA PESADA (FAMILY GUY)

Sitcom em forma de animação, *Uma Família da Pesada* foi criada por Seth MacFarlane para a Fox e lançada em 31 de janeiro de 1999. O desenho traz o cotidiano da família Griffin, uma paródia da sociedade norte-americana, cheia de estereótipos, situações caóticas e personagens marcantes. Já conta com 19 temporadas e mais de 350 episódios ao todo.

Ariana participa de "Mom's the Word", 12º episódio da 12ª temporada, que foi ao ar em 9 de março de 2014, emprestando sua voz para uma garota italiana.

2015

SCREAM QUEENS

Criada por Ryan Murphy, Brad Falchuk e Ian Brennan para o canal Fox, *Scream Queens* é uma série que mistura humor e terror. Estreou em 22 de setembro de 2015 e teve 2 temporadas com 23 episódios ao todo. A série destaca a irmandade Kappa Kappa Tau da Wallace University e um serial killer que volta a atacar seus atuais membros 20 anos depois de um misterioso assassinato.

Ariana participou de 4 episódios da primeira temporada como Sonya Herfmann (Chanel #2), membro da irmandade Kappa Kappa Tau.

2016

Hairspray Live!

Hairspray Live! é um filme para TV com direção de Kenny Leon e Alex Rudzinski. Sua história se passa em 1962 na cidade de Baltimore. Lá, Tracy Turnblad tem o sonho de dançar no The Corny Collins Show, um programa de TV local. Ela consegue uma vaga no programa e se torna uma celebridade. Na história, Ariana vive a estudante Penny Pingleton, amiga nerd de Tracy.

Hairspray Live! traz em seu elenco Maddie Baillio, Harvey Fierstein, Kristin Chenoweth, Garrett Clayton, Jennifer Hudson, Dove Cameron, Ephraim Sykes, Derek Hough, Martin Short e Shahadi Wright Joseph.

2020

Kidding

A série dramática *Kidding* foi criada por Dave Holstein e se passa na cidade de Columbus, Ohio, EUA. Nela, temos Jeff Piccirillo (Mr. Pickles), interpretado por Jim Carrey, apresentador de programas de televisão para crianças. Ao longo dos seus episódios, Jeff enfrenta tragédias pessoais e dificuldades com sua família. Ariana participa do quinto episódio da segunda temporada, exibido em 23 de fevereiro de 2020, como Piccola Grande, a Fada Picles da Esperança.

> Ariana Grande será a técnica da 21ª edição norte-americana do programa *The Voice*, ao lado de Kelly Clarkson, John Legend e Blake Shelton. O anúncio foi feito pela própria cantora em suas redes sociais, com uma foto na famosa cadeira! Especula-se que ela será a jurada mais bem paga da história do programa!

TUDO REAL

Ariana Grande não fez só filmes e seriados. Nossa querida também teve tempo para explorar uma mídia bastante importante, os documentários. Para compartilhar seu cotidiano e falar diretamente com seu público, sem personagens ou roteiro, ela participou de duas produções.

2018

Ariana Grande: Dangerous Woman Diaries

Com quatro episódios ao todo ("The Light Is Coming", "Here's the Gag", "Grateful" e "One Love"), *Dangerous Woman Diaries* foi publicado no YouTube e gravado em cidades como Nova York, Los Angeles, Manchester, Miami e Hong Kong. Trata-se de um documentário para a internet, gratuito, dirigido por Alfredo Flores e lançado em 29 de novembro de 2018.

Dangerous Woman Diaries centra-se no cotidiano musical de Ariana, mostra o dia a dia e a relação dela com seus dançarinos, equipe de apoio, produtores de seus álbuns, amigos e familiares. Foi gravado durante a Dangerous Woman Tour e a gravação do disco *Sweetener* em 2017. Destaca bastante como Ariana lidou com o atentado de Manchester e o tributo às suas vítimas.

2020

Ariana Grande: Excuse Me, I Love You

A segunda produção em formato de documentário de Ariana foi lançada em 21 de dezembro de 2020 e dirigida por Paul Dugdale para a Netflix.

Mais uma vez o agitado cotidiano da artista é abordado, agora durante sua quarta turnê, a Sweetener World Tour. Nele, Ariana mostra a visão dos bastidores de sua vida, ensaios e viagens, além de muitas performances do show realizado em Londres, Inglaterra. Tem também muitos registros dos fãs curtindo a apresentação. A cantora, que é também produtora executiva, diretora criativa, diretora do show ao vivo e produtora criativa da turnê, declarou que a produção é uma carta de amor aos fãs!

ORIGEM E PRIMEIROS PASSOS

A RIANA JÁ FEZ MUITO NOS PALCOS, ESTÚDIO, SETS, PREMIAÇÕES E todos os outros locais onde cantou ou atuou. Só que ela deve muito à sua origem, o teatro. É nele que os atores e atrizes nascem, aprendem e desenvolvem seu talento para atuação. Foi lá que ela descobriu que seria uma artista para o resto de sua vida. Vamos ver então suas principais passagens pelo teatro.

2008

13

Talvez o momento artístico mais importante da vida de Ariana, pois abriu as primeiras portas para o mundo do entretenimento. Trata-se de um musical de Jason Robert Brown (músicas), Dan Elish e Robert Horn (roteiro). A peça traz Evan Goldman, um garoto judeu de 13 anos que deixou Manhattan para viver em Appleton, Indiana, EUA. Ao longo de sua apresentação, 13 mostra os problemas da vida adolescente, incluindo seu bar-mitzvá e a separação de seus pais. Foi encenada pela primeira vez em 2007 na cidade de Los Angeles. Em 16 de setembro de 2008, mudou-se para a Broadway, em Nova York, desta vez com Ariana em seu elenco como a líder de torcida Charlotte.

2010

CUBA LIBRE

Mais um musical da carreira de Ariana. Criado por Desmond Child e Davitt Sigerson, *Cuba Libre* tem sua história baseada na família de Desmond durante e após a Revolução Cubana nos anos 1950. Na peça, nossa estrela vive a personagem Miriam.

2012

A SNOW WHITE CHRISTMAS

Ariana Grande sempre curtiu musicais e *A Snow White Christmas* é uma versão do conto de fadas Branca de Neve. Com roteiro de Kris Lythgoe, Grande fez a protagonista Branca de Neve.

Além de superpremiada na música, Ariana Grande também ganhou prêmios como atriz!

Kids' Choice Awards
2014: Atriz de TV (Sam & Cat)

National Youth Theatre Association Awards
2009: Atriz de Musical Destaque (13)

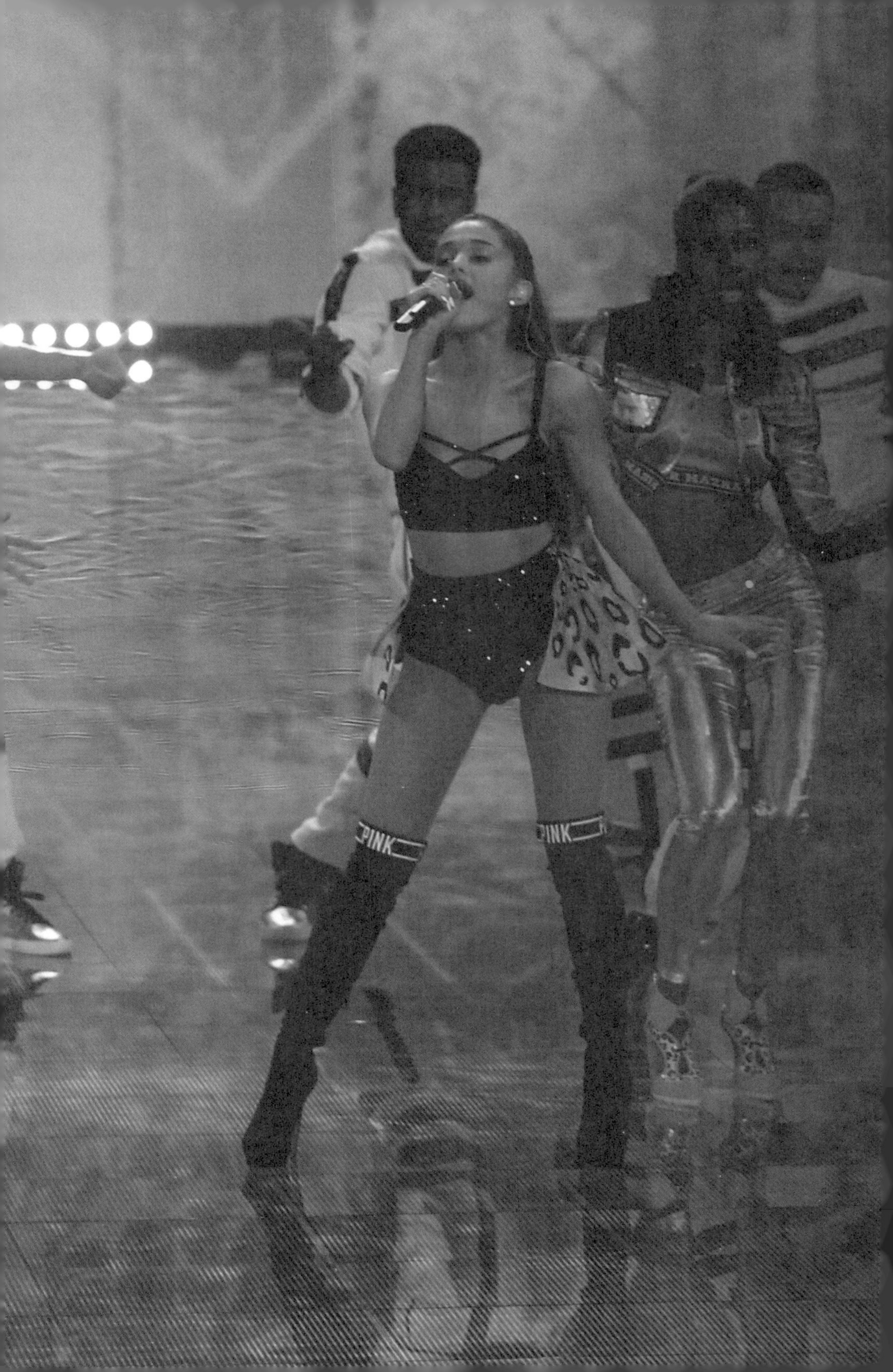
PINK
PINK

O amor
é grande

Ela canta, dança, interpreta e encanta o mundo com seu talento. Ariana Grande já fez seriados, filmes, turnês, músicas e muita arte por onde passou.

 Tem uma vida agitada e muito amor para compartilhar. Sendo assim, reunimos os relacionamentos amorosos da cantora – tão importantes para sua vida pessoal e artística – e alguns fatos que tornam Ariana uma figura tão rica e uma pessoa tão querida.

RELACIONAMENTOS AMOROSOS

Em sua produção artística, um dos temas mais importantes visitados por Ariana Grande é o amor. Não é para menos. Ela amou e viveu intensamente, teve seus altos e baixos, descobriu e deixou ir seus amores. Linda, inteligente e talentosa como é, chamou a atenção de diversos pretendentes.

Vários foram os amores de Ariana Grande. Cada um deles deixou suas marcas, positivas e negativas, que foram transformadas em canções e a tornaram quem ela é hoje. Vamos então viajar pelos amores da vida de Ariana para saber como cada um influenciou sua vida, dentro e fora dos palcos.

Graham Phillips

Nome: Graham David Phillips
Data e local de nascimento: 14 de abril de 1993
Laguna Beach, Califórnia, EUA
Profissões: Ator e cantor

Ariana e Graham se conheceram em 2008 quando estrelavam 13 na Broadway (está vendo como a peça é importante na vida dela?). Ficaram juntos até dezembro de 2011, resolvendo de mútuo acordo pelo término por não terem mais tempo para passarem juntos devido à vida agitada de ambos. São amigos até hoje e Ariana revelou que seu primeiro beijo foi com o ator.

Jordan Viscomi

Nome: Jordan Viscomi
Data e local de nascimento: 12 de março de 1993
Centereach, Nova York, EUA
Profissão: Dançarino

Em meados de 2011, Ariana teve um relacionamento com um de seus dançarinos. O namoro durou até 2012 e fãs da artista acusaram Jordan de estar com Ariana apenas para se promover.

Jai Brooks

Nome: Jaidon Domenic Matthew "Jai" Brooks
Data e local de nascimento: 3 de maio de 1995
Melbourne, Austrália
Profissões: Cantor, comediante e dublê

Em 2012, Ariana começou a namorar Jai Brooks, do The Janoskians, um grupo de comédia australiano. O relacionamento foi à distância e durou pelo menos um ano. O romance terminou quando Brooks acusou Ariana de traí-lo com Nathan Sykes. Chegaram a ficar juntos mais uma vez em 2014, mas se separaram novamente em julho daquele ano.

Nathan Sykes

Nome: Nathan James Sykes
Data e local de nascimento: 18 de abril de 1993
Gloucester, Inglaterra
Profissões: Cantor e compositor

Ariana e Nathan se conheceram em 2013 e logo fizeram uma parceria no clipe da jovem, "Almost Is Never Enough". Em setembro de 2013, confirmaram que estavam em um relacionamento, motivando Jai Brooks a dizer que havia sido traído antes do fim de seu relacionamento com a cantora. O romance durou até o começo de 2014.

BIG SEAN

Nome: Sean Michael Leonard Anderson
Data e local de nascimento: 25 de março de 1988
Santa Monica, Califórnia, EUA
Profissões: Cantor, compositor e produtor

O próximo amor de Grande foi o rapper Big Sean. Eles, que eram amigos desde 2012, começaram a namorar em agosto de 2014, após muita especulação da imprensa. Sean sempre foi um dos rappers favoritos de Ariana e a confirmação veio durante uma entrevista ao *The Telegraph*. O relacionamento durou até abril de 2015.

RICKY ALVAREZ

Nome: Richard Alvarez
Data e local de nascimento: 13 de julho de 1992
San Diego, Califórnia, EUA
Profissão: Dançarino

Mais um dançarino na vida de Grande. Richard trabalhava com ela desde abril de 2014, em clipes e turnês. Em abril de 2015, confirmaram o namoro, que durou até julho de 2016. Ainda são grandes amigos e viveram bons momentos juntos, já que as canções "Moonlight" e "True Love" são sobre o dançarino. Também existem teorias de que a segunda parte de "Knew Better/Forever Boy" e o clipe de "Into You" também sejam sobre o rapaz.

Mac Miller

Nome: Malcolm James McCormick
Data e local de nascimento: 19 de janeiro de 1992
Pittsburgh, Pensilvânia, EUA
Profissão: Músico

O rapper e Grande se conheceram na segunda metade de 2012 e revelaram que gostavam muito do trabalho um do outro. Até fizeram uma parceria na música "The Way". Ariana e Mac tiveram um relacionamento de dois anos muito intenso, que acabou em maio de 2018, motivado pelo uso excessivo de drogas por parte de Miller. O rapaz acabou morrendo em 7 setembro de 2018, aos 26 anos, por uma overdose. Ariana fez várias homenagens a ele, como a música "Thank U, Next".

Pete Davidson

Nome: Peter Michael Davidson
Data e local de nascimento: 16 de novembro de 1993
Staten Island, Nova York, EUA
Profissões: Ator e comediante

O humorista do *Saturday Night Live* e Ariana se conheceram em 2016, quando Grande apresentou e foi a atração musical do programa humorístico norte-americano. Pela primeira vez em sua vida, a artista ficou noiva, apenas um mês após a confirmação do relacionamento, em 2018. Juntos, mudaram-se para Nova York, mas o romance terminaria semanas após a morte de Mac Miller, fato que mexeu profundamente com Ariana.

MIKEY FOSTER

Nome: Michael "Mikey" Foster
Data e local de nascimento: 14 de maio de 1987
Pittsburgh, Pensilvânia, EUA
Profissão: Cantor

Mikey e Ariana começaram seu namoro em agosto de 2019. O relacionamento com o cantor do grupo Social House durou sete meses. Eles trabalharam juntos no clipe de "Boyfriend".

DALTON GOMEZ

Nome: Dalton Jacob Gomez
Data e local de nascimento: 7 de agosto de 1995
San Bernardino, Califórnia, EUA
Profissão: Corretor de imóveis

Já em maio de 2020, Ariana confirmou seu namoro com Dalton Gomez. Ele é um jovem corretor do grupo imobiliário Aaron Kirman, que trabalha com imóveis de luxo.

No dia 15 de maio de 2021, Ariana e Dalton se casaram em uma cerimônia secreta e intimista na casa da cantora na Califórnia. A diva usou um vestido longo e justo, com decote coração e sem alças, idealizado por ela e desenvolvido pela designer de moda Vera Ellen Wang. O visual foi completado por um véu curto, sapatos brancos de salto plataforma e brincos de pérola e diamante que combinavam com o anel de noivado. Dias após o evento, algumas fotos do grande dia foram divulgadas nas redes sociais da cantora. A postagem atingiu 10 milhões de curtidas em apenas uma hora — um recorde da plataforma —, e no mesmo dia já somava mais de 23 milhões de curtidas, tornando-se o post de uma mulher mais curtido da história do Instagram.

A FORÇA EM FAVOR DE TODOS

Além de ser uma artista completa, Ariana usa a influência entre seus fãs e a fama que angariou por ser uma pessoa pública em prol de causas nobres, espalhando boas mensagens e práticas pelo mundo. Desde o início da carreira, ela sempre fez de tudo para promover causas que considera justas e capazes de tornar o mundo um lugar melhor, tornando-se uma inspiração para que todos nós façamos parte desta corrente do bem. Veja a seguir vários momentos em que Ariana foi grande quando não estava cantando ou atuando.

- Aos dez anos, ajudou a fundar o grupo de jovens cantores "Kids Who Care" com o objetivo de arrecadar fundos para a caridade. Foram 500 mil dólares apenas em 2007.
- Em 2009, participou de uma viagem da organização de caridade Broadway in South Africa para ensinar músicas e danças para crianças na Cidade do Cabo, África do Sul.
- Em 2013, participou da iniciativa da revista *Seventeen* Delete Digital Drama, para combater o bullying on-line.
- Em setembro de 2014, participou do programa de televisão beneficente Stand Up to Cancer, cantando sua canção "My Everything" em memória de seu avô, que morreu vítima da doença naquele ano.

- Em 2015, Grande e Miley Cyrus gravaram juntas uma cover de "Don't Dream It's Over", do Crowded House, como parte das "Backyard Sessions" em prol da Happy Hippie Foundation, que ajuda jovens em situação de rua e LGBTQIA+. A cantora já tinha em seu repertório uma música em apoio à causa, "Break Your Heart Right Back".
- Em 2015, ela foi a atração do Dance On the Pier, evento que integrou a LGBT Pride Week da cidade de Nova York.
- Em 2016, lançou um batom e um gloss pela linha "Viva Glam", da MAC Cosmetics. O lucro com a venda dos produtos foi revertido para pessoas afetadas pelo vírus da imunodeficiência humana (HIV).
- Em 2016, ela e Victoria Monét gravaram juntas "Better Days" em apoio ao Black Lives Matter.
- Em 2017, Mitchell Harrison, da *Billboard*, chamou Grande de "ícone gay" por suas letras e apoio à comunidade LGBTQIA+.
- Em 2017, apresentou-se no A Concert for Charlottesville, em homenagem às vítimas do comício supremacista branco de agosto de 2017 em Charlottesville, Virgínia.
- Em 2019, doou os lucros do primeiro show em Atlanta da turnê "Sweetener World Tour" para a Planned Parenthood em resposta à aprovação de uma série de leis antiabortivas em vários estados dos EUA.
- Em 2020, apoiou um fundo denominado Project 100, com o objetivo de doar 1000 dólares para 100 mil famílias que foram afetadas pela pandemia de Covid-19.
- Em 2020, direcionou todas as receitas líquidas de sua parceria com o cantor Justin Bieber, "Stuck with U", para a First Responders Children's Foundation, para financiar subsídios e bolsas para filhos de trabalhadores da linha de frente da pandemia global.

- Em 2020, participou de um protesto em Los Angeles devido ao homicídio de George Floyd, pedindo aos fãs que assinassem petições condenando o ato de brutalidade policial.

Ariana Grande mostra toda sua força em causas importantes, mas também tem seus hábitos fofos e inusitados, mostrando que é gente como a gente! Conheça algumas curiosidades sobre a cantora:

- Como boa canceriana, é emotiva e apegada aos familiares e aos amigos.
- Coleciona bichos de pelúcia, discos de hóquei e máscaras de Halloween.
- Usa lentes de contato, pois tem problemas de visão.
- Gosta muito de usar sapatos de salto alto, por causa de sua baixa estatura.
- Adora cozinhar e, em 2013, tornou-se vegana.

AS PONTES COM OS FÃS

Antes, os artistas "conversavam" com seus fãs somente por suas criações (e pela imprensa). Hoje, a relação entre público e artista é mais próxima graças à evolução da internet e das redes sociais.

Site oficial: www.arianagrande.com

O site oficial da artista traz as últimas novidades de sua carreira, destaques musicais, serviço de streaming de músicas novas, videoclipes, além da loja com produtos oficiais de Ariana Grande.

Instagram: www.instagram.com/arianagrande

Com mais de 240 milhões de seguidores, a mulher mais seguida do Instagram não poderia deixar barato e usa a rede social voltada para compartilhamento de imagens e vídeos para mostrar as novidades de sua carreira, destaques de suas produções, bastidores e seu cotidiano.

YouTube: https://www.youtube.com/c/ArianaGrande/

Se Ariana é popular no Instagram, no YouTube não é diferente: ela é a mulher com o maior número de inscritos na plataforma (48 milhões), que é uma das mais presentes em sua vida, já que foi no YouTube que ela mostrou ao mundo seu talento musical. Até hoje é importante para sua carreira, servindo agora como uma espécie de repositório de sua produção visual, principalmente relacionada aos seus videoclipes.

Facebook: www.facebook.com/arianagrande

Twitter: www.twitter.com/arianagrande

Em ambas as redes sociais, Ariana interage com seu público, envia mensagens, compartilha seu dia a dia, revela novidades e se diverte. No Twitter, Ariana é a 5ª artista mulher mais seguida, com mais de 83 milhões de seguidores.

Spotify

Ariana Grande é a cantora mais ouvida do Spotify, com uma média de 63 milhões de ouvintes mensais, e suas músicas somam mais de 20 bilhões de reproduções.

Em 2020, Ariana Grande foi considerada a maior estrela pop do mundo pela agência de notícias *Bloomberg*, que somou dados de vendas de ingressos, vendas de álbuns, reproduções no Spotify, visualizações no YouTube e interações no Instagram para chegar ao resultado. Nossa diva é mesmo grande!

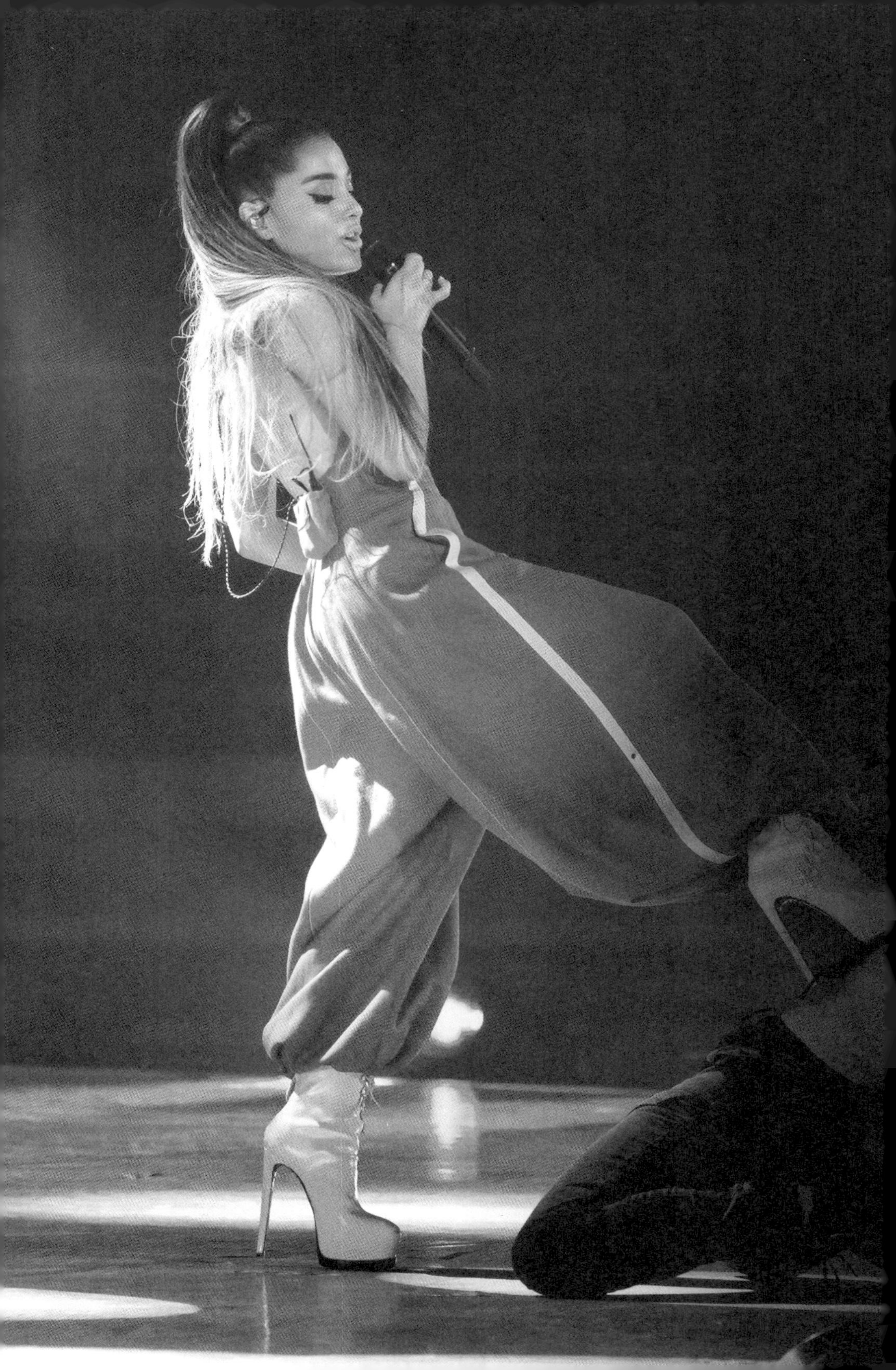

Você conhece Ariana Grande?

Vimos ao longo de nossa jornada pela vida e carreira de Ariana Grande que a jovem fez, faz e tem muito a fazer em sua vida. Ela riu, chorou, cantou, interpretou e fez muito pelos semelhantes. Com tanto para contar, seus fãs devem estar preparados para responder tudo sobre sua musa. Aí vai um desafio para você adivinhar algumas curiosidades da vida de Grande.

1 – Qual é o nome dado aos maiores fãs de Ariana?

a) Grandianos
b) Arianators
c) Fadas e duendes
d) Queridinhos

2 – Qual é o animal favorito da artista?

a) Cachorro
b) Peixe
c) Gato
d) Cavalo-marinho

3 – Qual é a fruta favorita dela?

a) Morango
b) Banana
c) Melancia
d) Uva

4 – Qual é a cor favorita de Ariana?

a) Azul
b) Vermelho
c) Lilás
d) Rosa

5 – Qual foi o primeiro show a que Grande assistiu na vida?

a) Madonna
b) Lady Gaga
c) Michael Jackson
d) Katy Perry

6 – Ariana é fanática por qual esporte?

a) Hóquei no gelo
b) Futebol
c) Basquete
d) Tênis

7 – Qual é seu jogo de tabuleiro favorito?

a) Monopoly
b) Xadrez
c) Ludo
d) Damas

8 – Quantas tatuagens tem?

a) Nenhuma
b) 5
c) 15
d) Mais de 40

Respostas

1 – b) Arianators
2 – d) Cavalo-marinho
3 – a) Morango
4 – c) Lilás
5 – d) Katy Perry
6 – a) Hóquei no gelo
7 – a) Monopoly
8 – d) Mais de 40

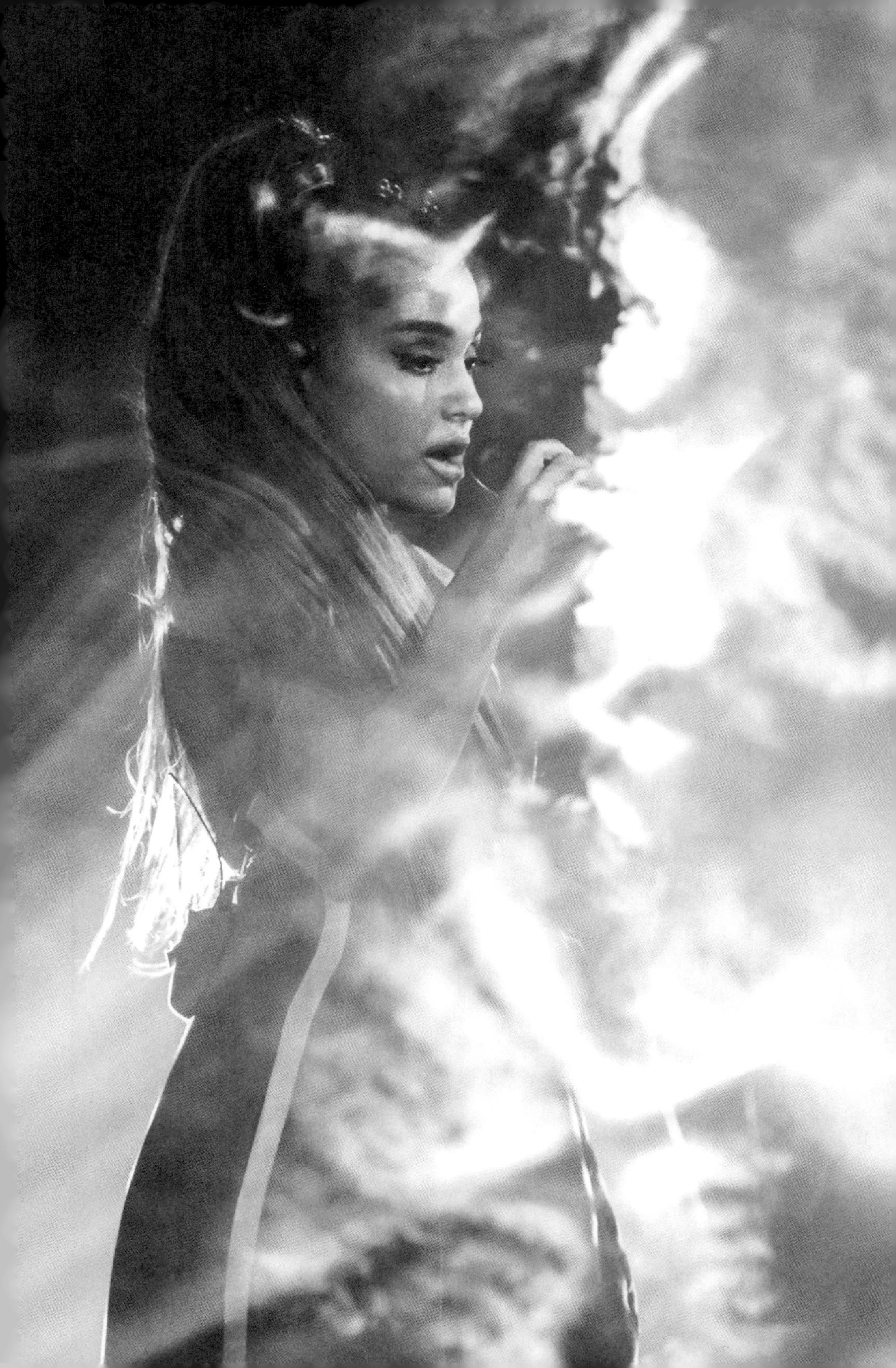

Fotos:

Págs. 6-7, 10-11, 16-17, 23, 24-25, 36, 52-53, 60, 78-79, 106-107 e 110-11: Apresentação na cidade de Guangzhou, província de Guangdong, no sul da China, em 30 de agosto de 2017. Foto: ChinaImages/Depositphotos.com

Pág. 9: American Music Awards, em 24 de novembro de 2013. Foto de s_bukley/ Depositphotos.com

Pág. 13: Nickelodeon Kids'Choice Awards, em 31 de março de 2012. Foto: s_bukley/ Depositphotos.com

Pág. 21: Hot 100 Festival da Billboard, em 20 de agosto de 2016. Foto: Steven Ferdman / Coleção Everett/ Depositphotos.com

Pág. 26: 10th Annual Camp Ronald McDonald For Good Times, em 23 de outubro de 2011. Foto: s_bukley/Depositphotos.com

Pág. 28: Programa Good Morning America, da ABC, em 15 de setembro de 2015. Foto: Derek Storm / Coleção Everett/ Depositphotos.com

Pág. 30: "Hairspray Live!", Junket Press, em 16 de novembro de 2016. Foto: Jean_Nelson/Depositphotos.com

Pág. 32, 41, 51: Grammy Awards, em 26 de janeiro de 2020. Foto: Jean_Nelson/ Depositphotos.com

Pág. 34: Com a estilista Vera Wang, no Met Gala Costume Institute Annual Benefit, em 7 de maio de 2018. Foto: Kristin Callahan/Ev/Depositphotos.com

Pág. 62: Grammy Awards, em 8 de fevereiro de 2015. Foto: s_bukley/Depositphotos.com

Pág. 66: American Music Awards, em 22 de novembro de 2015. Foto: bossmoss/ Depositphotos.com

Pág. 76-77 e 94-95: Apresentação no desfile anual da Victoria's Secret, em 2 de dezembro de 2014. Foto: fashionstock/Depositphotos.com

Pág. 83: Estreia do filme *Harry Potter e as Relíquias da Morte – parte 2*, em 11 de julho de 2011. Foto: miromiro/Depositphotos.com

Pág. 91: Teen Choice Awards, em 10 de agosto de 2014. Foto: s_bukley/ Depositphotos.com

Capa: 13º Billboard Women in Music Awards, em 6 de dezembro de 2018. Foto: Debby Wong/Bigstockphoto.com